Cecilia Abdo Ferez

Libertad y cuerpo
Escapes de la libertad autoritaria presente

MIÑO y DÁVILA
• E D I T O R E S •

ÍNDICE

Se considera que la libertad perfecta es
"incompatible con la existencia de la sociedad"
y que en su perfección sólo se puede tolerar
fuera del campo de los asuntos humanos".

H. Arendt,
¿Qué es la libertad?, 1961.

"Si la interpretación fuese la lenta puesta al
descubierto del significado oculto en un origen,
entonces sólo la metafísica podría interpretar el
desarrollo de la humanidad. Pero si la interpretación
es la violenta o subrepticia apropiación de un sistema
de reglas, lo que en sí mismo no tiene un significado
esencial, con el propósito de imponer una dirección,
de someterla a una nueva voluntad, de forzarla a
participar en un nuevo juego, y de sujetarla a reglas
secundarias, entonces el desarrollo de la humanidad
es una serie de interpretaciones. El papel de la
genealogía es registrar su historia: la historia de la
moral, de los ideales y de los conceptos metafísicos
y la historia del concepto de la libertad o del de la
vida ascética; ya que representan la emergencia de
diferentes interpretaciones; debe hacérseles aparecer
como eventos en el escenario del proceso histórico".

M. Foucault.
Nietzsche, la genealogía, la historia, 1971.

"y tu cuerpo era el único país donde me derrotaban".

Juan Gelman,
Otras preguntas, 1965.

Agradecimientos

Agradezco al CONICET, a los proyectos PIP y UBACyT que enmarcaron estas búsquedas y a sus integrantes, y a colegas y amigues que discutieron varios capítulos en jornadas y encuentros. A Ignacio Mancini, bibliotecario del Instituto Germani de la Facultad de Ciencias Sociales de la Universidad de Buenos Aires, por atender los pedidos bibliográficos constantes. A les estudiantes de la Maestría en Teoría Política y Social, del Doctorado en Ciencias Sociales y de las materias de grado Teoría Política y Social II de la UBA y Filosofía, de la UNA, que escucharon muchos avances con paciencia y en discusión enriquecedora. A Fabián Ludueña Romandini por la confianza y la amistad filosófica que lo impulsó. A mis padres, por sostener amorosamente y a mi hijo, por comprender que escribir es una forma de la libertad.

PRÓLOGO

por Marilena Chaui

Durante la pandemia de Covid-19, el gobierno brasileño se opuso a la vacunación de la sociedad y declaró que la vacunación no podía ser obligatoria porque iría en contra de la libertad de elección de los ciudadanos. En la Argentina –como analiza en este libro Cecilia Abdo Ferez–, la oposición a la cuarentena se hizo en nombre de la libertad, y ello puso el germen de un gobierno libertario. ¿Qué sentidos de libertad son esos? ¿Qué formas de libertad se ponen en juego en situaciones como las que vivimos recientemente y cuáles son sus marcas contemporáneas?

Bajo el impacto de este libro de Cecilia Abdo Ferez, que retoma con claridad y precisión el sentido violento de la llamada "defensa de la libertad", recordamos lo que escribió un joven amigo de Montaigne, Etienne de La Boétie. La Boétie se levantó contra la tiranía, escribiendo un texto conocido como *Discurso sobre la servidumbre voluntaria*, en cuyo centro hay un enigma: ¿cómo los hombres, seres que la Naturaleza hizo libres, se sirvieron de la libertad para destruirla? ¿Cómo es posible la servidumbre voluntaria?

De hecho, escribe, la servidumbre voluntaria es algo que el propio lenguaje se niega a nombrar, porque esta expresión es una contradicción en los términos, ya que libre albedrío y servidumbre son opuestos y contrarios: toda voluntad es libre y sólo hay siervos por coacción o contra la voluntad, algo que demuestran incluso los animales. El enigma, por tanto, es doble: ¿cómo los seres libres se disponen libremente a servir y cómo la servidumbre puede ser voluntaria?

Para responder a esta pregunta y descifrar este doble enigma, La Boétie empieza hablando de la desgracia. Fue por desgracia, por un azar perverso, que los humanos se desnaturalizaron; es decir, perdieron su libertad natural y optaron por tener un amo, acostumbrándose a servirle. Una vez desaparecido el amor a la libertad y arraigada la "obstinada voluntad de servir", los humanos desaprendieron a ser libres.

¿A qué se debió esta desgracia? Una primera respuesta puede encontrarse en el origen de la tiranía. La desgracia ocurrió cuando, por imprudencia, los humanos eligieron a un amo que se convertiría en tirano, o cuando, vencidos por la fuerza, fueron conquistados por las armas de un tirano. La Boétie afirma que existen tres tipos de tiranos –por elección, por conquista y por herencia–, pero que, aunque las formas de llegar al poder son diferentes, "la forma de reinar es siempre la misma". En otras palabras, el tirano no es el que ejerce un poder excesivo e ilegítimo, sino simplemente el que ejerce el poder cuando los humanos han elegido o aceptado un poder que se sitúa fuera y por encima de la sociedad y que alguien ejerce porque supuestamente ha elegido ejercerlo.

Ahora bien, aunque hay muchas formas de que un tirano llegue al poder, su forma de gobernar es idéntica. ¿Por qué no hay diferencia en su forma de gobernar? Porque el elegido se comporta como un conquistador y el conquistador como si hubiera sido elegido, y ambos trabajan para asegurar el ejercicio exclusivo del poder y su transmisión a un heredero, que aparecerá así como si siempre hubiera existido. Ahora bien, si la forma de reinar es siempre la misma, no basta con remitir la causa de la tiranía a lo que hubiera sucedido en el momento de su génesis, porque aunque el tirano ascienda al poder en un momento de desgracia, permanece en él por el consentimiento voluntario de los tiranizados. Si la desgracia puede explicar el advenimiento de la tiranía, no puede explicar su mantenimiento, y así volvemos a nuestro enigma inicial: ¿cómo es posible la servidumbre voluntaria?

La Boétie busca entonces una nueva respuesta. Si, por naturaleza, los humanos son libres y sólo se sirven a sí mismos, al servicio de la razón, la servidumbre sólo puede explicarse por coacción o ilusión. Por coacción: se les obliga contra su voluntad a servir al más fuerte. Por ilusión: son engañados por las palabras y los gestos de otro, que les promete bienes y libertad, sometiéndolos al engañarlos.

Una vez más, sin embargo, la respuesta no es satisfactoria, porque, como antes, la coacción y la ilusión pueden explicar por qué un tirano sube al poder, pero no pueden explicar por qué sigue siéndolo. La Boétie sugiere entonces que podría encontrar la buena respuesta si dice que la tiranía se mantiene por la fuerza de la costumbre. La costumbre es una segunda naturaleza y los humanos, inicialmente coaccionados por la fuerza o inicialmente engañados por la seducción, se acostumbran a servir y crían a sus hijos con la leche de la servidumbre; por eso los que nacen bajo la tiranía no la perciben como servidumbre y sirven voluntariamente, porque ignoran la libertad. La costumbre, pues, es lo que nos enseña a servir.

¿Qué falla en este argumento, que parece tan coherente? El error reside en suponer que la costumbre puede ser más fuerte que la naturaleza y borrarla. La prueba de que esto es falso, escribe La Boétie, reside en el gran número de ejemplos históricos de pueblos e individuos que lucharon por recuperar la libertad perdida. Por tanto, hay que volver a buscar la respuesta que explique de dónde saca el poder tiránico la fuerza para preservarse y de dónde surge el deseo de servir. Necesitamos saber por qué y cómo actúan los seres humanos en pos de su propia servidumbre.

La fuerza del tirano, explica La Boétie, no reside donde imaginamos encontrarla: en las fortalezas que le rodean y en las armas que le protegen. Al contrario, si necesita fortalezas y armas, si teme a la calle y al palacio, es porque es cobarde, se siente amenazado y necesita dar muestras de fuerza o actos de crueldad. Físicamente, un tirano es un hombre como cualquier otro: tiene dos ojos, dos manos, una boca, dos pies, dos orejas. Moralmente, es un cobarde, prueba de ello es que da muestras de fuerza y de actos de crueldad. Si es así, ¿de dónde viene su poder, tan grande que nadie piensa en poner fin a su tiranía? La Boétie responde: su fuerza proviene del agrandamiento colosal de su cuerpo físico a través de su cuerpo político, que le da mil ojos y mil oídos para espiar, mil manos para saquear y estrangular, mil pies para aplastar y pisotear. El cuerpo físico del tirano no sólo se agranda con su cuerpo político como el cuerpo de un coloso, su alma también se agranda con leyes falsas, que le permiten repartir favores y privilegios y seducir a los incautos para que vivan a su alrededor para complacerle en todo momento y a cualquier precio.

Sin embargo, hay que preguntarse: ¿quién le da este gigantesco, seductor y malévolo cuerpo político? La respuesta es inmediata: somos nosotros quienes le damos nuestros ojos y oídos, nuestras manos y pies, nuestras bocas, nuestras propiedades y nuestros hijos, nuestras almas, nuestro honor, nuestra sangre y nuestras vidas para alimentarlo y aumentar el poder con el que nos destruye.

Pero si esto es así, ¿cómo podemos derrocarlo y recuperar la verdadera libertad? La Boétie responde: no hay que luchar contra él, basta con no darle lo que nos pide; si no le damos nuestros cuerpos y nuestras almas, caerá. Basta con no querer servirle y caerá.

Pero si la respuesta es tan clara, el enigma de la servidumbre voluntaria es aun mayor, porque si es fácil derrocar a la tiranía, es necesario preguntarse: ¿por qué servimos voluntariamente a lo que nos destruye? La respuesta de La Boétie es terrible: consentimos en servir porque también esperamos ser servidos. Servimos al tirano porque somos tiranos: cada uno sirve al tirano porque quiere ser servido por los que están por debajo de él; cada uno entrega sus bienes y su vida al tirano porque quiere apoderarse de los bienes y de la vida de los que están por debajo de él. La servidumbre es voluntaria porque hay deseo de servir; hay deseo de servir porque hay deseo de poder y hay deseo de poder porque la tiranía habita en cada uno de nosotros y establece una sociedad tiránica. Es decir, la tiranía no se encuentra en la cúspide de la sociedad, sino que se extiende por toda ella y la crueldad se extiende por todas partes. La cobardía se manifiesta en la crueldad física, psicológica, moral y política con la que todos desean aplastar y exterminar a quienes se niegan a la tiranía.

Dejemos que sea Maquiavelo quien explique el origen de la sociedad tiránica. Toda sociedad, dice, está atravesada por dos deseos opuestos: el deseo de los grandes de mandar y oprimir, y el deseo del pueblo de no ser oprimido ni mandado. Los grandes desean posesiones y bienes; el pueblo, seguridad y libertad. En una sociedad tiránica, el poder se aleja del deseo del pueblo y se une al deseo de los grandes, seduciendo y engañando al pueblo para que olvide su deseo de libertad y entre en una servidumbre voluntaria, como si eso fuera la libertad. Algo de este argumento aparece como fantasma en el libro que aquí prologamos.

A la sociedad tiránica le debemos contraponer la sociedad democrática.

Estamos acostumbrados a aceptar la definición liberal de la democracia como un régimen de ley y orden que garantiza las libertades individuales. ¿Qué libertad es ésta? Dado que el pensamiento y la práctica liberales identifican libertad y competencia, esta definición de democracia significa, en primer lugar, que la libertad se reduce a la competencia económica de la llamada "libre empresa" y a la competencia política entre los partidos que concurren a las elecciones; en segundo lugar, que la ley se reduce al poder judicial para limitar el poder político; en tercer lugar, que existe una identificación entre el orden y el poder de los poderes ejecutivo y judicial para contener los conflictos sociales, impidiendo que se hagan explícitos y se desarrollen a través de la represión; y en cuarto lugar, que la democracia se ve por el criterio de la eficacia, medida a nivel legislativo por la acción de los representantes, entendidos como políticos profesionales, y a nivel ejecutivo por la actividad de una élite de técnicos competentes, que se encargan de dirigir el Estado.

La democracia se reduce así a un régimen político efectivo, basado en la idea de ciudadanos organizados en partidos políticos, y que se manifiesta en el proceso electoral de elección de representantes, la rotación de gobernantes y las soluciones técnicas a los problemas económicos y sociales. Es en este contexto que podemos entender el sentido ilusorio de la llamada "defensa de la libertad".

Sin embargo, hay, en la práctica democrática y en las ideas democráticas, una profundidad y una verdad mucho mayores y superiores a lo que pretende el liberalismo. De hecho, la democracia va más allá de la simple idea de un régimen político identificado con la forma de gobierno y debemos tomarla como la forma general de una sociedad: podemos hablar de una sociedad democrática, es decir, es el único régimen político que es también la forma social de la existencia colectiva.

Decimos que una sociedad es democrática cuando, además de las elecciones, los partidos políticos, la división de los tres poderes de la república, el respeto a la voluntad de la mayoría y de las minorías, se afirma la legitimidad de los conflictos, se afirma el carácter popular del poder; cuando la soberanía política pertenece a los ciudadanos, de manera que el gobernante nunca se identifica con el poder, que ocupa por mandato de la ciudadanía. Ante todo, una sociedad es democrática cuando instituye algo más profundo, que es condición del propio régimen político, es decir, cuando instituye derechos. Y esta institución es una creación social, de forma que la actividad social democrática se realiza como un poder social que determina, dirige, controla y modifica la acción del Estado y el poder de los gobernantes.

La dimensión creativa de la democracia se hace visible cuando consideramos los tres grandes derechos que la definen desde sus inicios, a saber, la igualdad, la libertad y la participación en la toma de decisiones, porque estos derechos ponen de manifiesto la contradicción que atraviesa la sociedad desde el momento en que estos derechos se declaran y se consideran universales. La contradicción consiste en que en las sociedades de clase, las declaraciones de derechos afirman más de lo que el orden establecido permite y afirman menos de lo que los derechos exigen, y esta discrepancia nos abre una brecha para pensar la dimensión democrático-revolucionaria de los derechos. En otras palabras, los derechos no son un don sino una conquista.

En contraste con la sociedad democrática está la sociedad tiránica, violenta y autoritaria. Brasil –desde donde escribo– es un ejemplo perfecto de ello. En Brasil, la violencia no se percibe allí donde se origina y allí donde se define como violencia en sí misma, es decir, como toda práctica y toda idea que reduce a un sujeto a la condición de cosa, que violenta interna y externamente el ser de alguien, que perpetúa la crueldad en relaciones sociales de profunda desigualdad económica, social, étnica, sexual y cultural. Fuertemente jerarquizadas en todos sus aspectos, las relaciones sociales e intersubjetivas entre nosotros se realizan siempre como una relación entre un superior, que manda, y un inferior, que obedece. Las diferencias y asimetrías se transforman siempre en desigualdades, que refuerzan la relación mando-obediencia. El otro nunca es reconocido como sujeto ni como sujeto de derechos; nunca es reconocido como subjetividad ni como alteridad. Las relaciones entre los que se consideran iguales son de "parentesco", es decir, de complicidad; y entre los que se consideran desiguales, la relación adopta la forma de favor, patrocinio, tutela o cooptación, y cuando la desigualdad es muy marcada, adopta la forma de opresión. Existe, por tanto, una naturalización de las desigualdades económicas y sociales, del mismo modo que existe una naturalización de las diferencias étnicas (consideradas desigualdades raciales entre superiores e inferiores), religiosas y de género, así como una naturalización de todas las formas visibles e invisibles de violencia.

La sociedad brasileña concibe la ciudadanía como un privilegio de clase, convirtiéndola en una concesión de la clase dominante a las demás clases sociales, que puede serles retirada cuando las clases dominantes así lo decidan. Por la misma razón, en el caso de las clases trabajadoras, los derechos, en lugar de aparecer como conquistas de movimientos sociales organizados, se presentan siempre como una concesión y un otorgamiento que hace el Estado, dependiendo de la voluntad personal o del arbitrio del gobernante. Por eso, entre nosotros, las leyes han sido siempre armas para preservar privilegios y el mejor instrumento para la represión y la opresión, sin definir nunca derechos y deberes concretos y comprensibles para todos. Para los grandes, la ley es un privilegio; para las clases bajas, es represión. La ley no es el centro público del poder y de la regulación de los conflictos, nunca define los derechos y deberes de los ciudadanos porque, en mi país, la tarea de la ley es preservar los privilegios y ejercer la represión. No existe ni la idea ni la práctica de una auténtica representación política. Los partidos políticos tienden a ser clubes privados de oligarquías locales y regionales, adoptando siempre la forma de un clientelismo en el que la relación es de tutela y favor.

La brasilera es una sociedad, por lo tanto, en la que la esfera pública nunca se constituye como pública, porque siempre e inmediatamente está definida por las exigencias de la esfera privada (en otras palabras, los intereses económicos de las partes dominantes). La indistinción entre lo público y lo privado no es un defecto accidental que podamos corregir, porque es la estructura de las esferas social y política la que está determinada por esta indistinción. Podemos entender, entonces, por qué en Brasil –como también en muchos aspectos, en la Argentina descrita por Cecilia Abdo Ferez–, la división social entre los grandes y el pueblo aparece en la polarización entre la privación absoluta de las clases populares y el privilegio absoluto de las clases dominantes, consolidando una estructura tiránica que bloquea la institución y consolidación de una sociedad democrática.

De hecho, fundada en la noción de derechos, la democracia es capaz de diferenciarlos de los privilegios y las privaciones. Esta distinción, que hoy quiere arrasarse, también es un problema de este libro. Un privilegio es, por definición, algo particular que no puede generalizarse o universalizarse sin dejar de ser un privilegio. Una carencia es también una carencia particular o específica que se expresa en una demanda también particular o específica que no puede generalizarse ni universalizarse. Un derecho, a diferencia de las necesidades y los privilegios, no es particular y específico, sino general y universal, bien porque es el mismo y válido para todos los individuos, grupos y clases sociales, bien porque aunque sea diferenciado, es reconocido por todos (como es el caso de los llamados derechos de las minorías). Así, la polarización económico-social entre necesidad y privilegio sienta las bases de una sociedad tiránica y se erige como un obstáculo para el establecimiento de los derechos que definen una sociedad democrática.

La estructura violenta de nuestras sociedades –de la brasileña y de la argentina– explica la velocidad y facilidad de adhesión al neoliberalismo.

La economía política neoliberal, diseñada en 1947 y puesta en práctica a mediados de la década de 1970, se desarrolló en oposición a la política del Estado de Bienestar, centrada en formas de transferencia de ingresos a través de programas nacidos de las luchas populares por derechos o de creación de derechos sociales, económicos, políticos y culturales mediante la aplicación de fondos públicos, conquistados por la clase trabajadora. Frente a esta conquista sociopolítica popular, el programa neoliberal propone:

1. (a pesar de lo que se afirme por parte del libertarianismo) un Estado fuerte para quebrar el poder de los sindicatos y de los movimientos sociales y populares, controlar los fondos públicos y cortar drásticamente la aplicación de los fondos públicos a las cargas sociales y a las inversiones en la economía;

2. un Estado cuyo objetivo principal debe ser la estabilidad monetaria, la contención del gasto social y la restauración de la tasa de desempleo necesaria para formar un ejército industrial de reserva que rompa el poder de los sindicatos;

3. un Estado que realiza una reforma fiscal para incentivar la inversión privada y, por tanto, reduce los impuestos al capital y al patrimonio, aumenta los impuestos a la renta individual y, por tanto, al trabajo, al consumo y al comercio;

4. un Estado que se aleja de regular la economía, permitiendo que sea el propio mercado el que lleve a cabo la desregulación con una drástica legislación antihuelga y un vasto programa de privatizaciones.

Como se puede observar, el núcleo del neoliberalismo consiste en ampliar el espacio privado de los intereses del mercado y reducir el espacio público de los derechos, es decir, hace desaparecer la idea de los derechos sociales como presupuesto y garantía de los derechos civiles o políticos al privatizar los derechos transformándolos en servicios privados regulados por el mercado.

El programa neoliberal expresa el cambio profundo en la forma del capitalismo, conocido como globalización o acumulación flexible de capital. Sus principales características se pueden resumir de la siguiente manera:

1. El capital financiero se convierte en el corazón y centro neurálgico del capitalismo, aumentando la devaluación del trabajo productivo. El poder del capital financiero determina, día a día, las políticas de diversos Estados porque éstos, especialmente los del Tercer Mundo, dependen de la voluntad de los bancos e instituciones financieras de transferir periódicamente recursos a un determinado país, abandonando a otro. La transnacionalización de la economía hace innecesaria la figura del Estado nacional como enclave territorial del capital y prescinde de las formas clásicas del imperialismo en las que

un Estado Nacional tomaba posesión económica, política y cultural de otro como colonia.

2. El centro económico, jurídico y político mundial se encuentra en el FMI y el Banco Mundial, de modo que las decisiones económicas y políticas se toman en organismos supranacionales (poseedores del poder global), con los cuales los Estados contraen deudas públicas, es decir, los ciudadanos deben pagar para que sus gobiernos cumplan con las exigencias de estos organismos (la mayoría privados), que operan sobre la base del secreto e interfieren en las decisiones de los gobiernos electos, que dejan de representar a los ciudadanos y pasan a gestionar la voluntad secreta de estos organismos.

3. El desempleo se ha vuelto estructural, dejando de ser accidental o expresión de una crisis cíclica, porque la forma contemporánea del capitalismo, a diferencia de su forma clásica, no opera mediante la inclusión de toda la sociedad en el mercado de trabajo y de consumo, sino por exclusión. Esta exclusión se debe no sólo a la introducción de la automatización, sino también a la velocidad de la rotación de la mano de obra, que se vuelve no cualificada y obsoleta muy rápidamente como resultado de la velocidad del cambio tecnológico. El trabajo es precario.

4. La externalización, es decir, el aumento del sector servicios, se ha vuelto estructural, dejando de ser un complemento a la producción porque, ahora, la producción ya no se realiza en la antigua forma fordista de grandes plantas industriales que concentraban todas las etapas de la producción –desde la adquisición de materias primas hasta la distribución de los productos– sino que adopta el llamado toyotismo, que opera mediante la fragmentación y dispersión de todas las esferas y etapas de la producción, con la compra de servicios en todo el mundo. Como consecuencia, desaparecen todas las referencias materiales que permitían a la clase obrera percibirse como clase y luchar como clase social, debilitándose al dispersarse en pequeñas unidades externalizadas y repartidas por todo el planeta.

5. La ciencia y la tecnología se han convertido en fuerzas productivas, dejando de ser meros soportes del capital y convirtiéndose en agentes de su acumulación. En consecuencia, la forma

como los científicos y técnicos se insertan en la sociedad ha cambiado porque se han convertido en agentes económicos directos y la fuerza y el poder capitalista se encuentran en el monopolio del conocimiento y la información. Por eso hablamos hoy de sociedad del conocimiento y de trabajo inmaterial para indicar que el conocimiento técnico-científico es la fuerza productiva y que la información es el núcleo del poder del capital financiero.

El neoliberalismo es totalitario. A esto nos enfrentamos. ¿Por qué? Porque en su núcleo se encuentra la primera característica definitoria del totalitarismo, que es rechazar la especificidad de las diferentes instituciones sociales y políticas para hacerlas homogéneas. El neoliberalismo homogeneiza las instituciones económicas, sociales, políticas y culturales porque no las considera como instituciones, sino como organizaciones y las define a todas como empresas: la fábrica es una empresa, la escuela es una empresa, el hospital es una empresa, el centro cultural es una empresa, una iglesia es una empresa. No sólo eso. Define al Estado como una empresa y presenta pomposamente al gobernante como un gerente, o, en un lenguaje menos pomposo, como el gerente del país. Además, el derecho a matar, monopolio del Estado (como decía Weber), se transfiere a empresas de seguridad privadas y a paramilitares para el exterminio de poblaciones enteras. Desde un punto de vista ideológico, además de negar la existencia de clases sociales y afirmar sólo la existencia de individuos, también define a estos últimos como capital humano o empresario de sí mismo, destinado a la competencia mortal en todas las organizaciones, internalizando el principio universal de la competencia. Esta lucha mortal entre individuos se llama meritocracia. Como consecuencia, se inculca la culpa en aquellos que no ganan la competencia, lo que desencadena odio, resentimiento y violencia de todo tipo, dirigida a los "competidores", es decir, a otros trabajadores como los migrantes, inmigrantes, étnicamente "inferiores" y "vagos", sexualmente "perversos", etc. La meritocracia es doblemente fantasmática: en primer lugar, porque crea el fantasma del ganador a cualquier precio y, en segundo lugar, porque crea el fantasma del perdedor como enemigo, como el "otro" a exterminar.

Lo terrible, sin embargo, es que la adhesión al neoliberalismo nunca se formula explícitamente, sino que se ofrece en forma de mentiras políticas, de las que la meritocracia, los prejuicios de clase y sexuales, el racismo y el pisoteo de las leyes son casos ejemplares. ¿Qué es la mentira política? Dejémosle la palabra a Hannah Arendt:

> La negación deliberada de la verdad de los hechos –es decir, la capacidad de mentir– y la capacidad de cambiar los hechos –es decir, la capacidad de actuar– están interconectadas, (...)

Y continúa:

> la verdad de los hechos nunca es necesariamente verdadera. Los historiadores saben cuán vulnerable es el tejido de hechos en el que transcurre nuestra vida cotidiana y cómo está siempre en peligro de ser perforado por mentiras comunes o desgarrado por las mentiras organizadas de grupos, clases o naciones, de ser negado y distorsionado, a menudo cuidadosamente cubierto por capas de falsedad, o simplemente de ser dejado hundir en el olvido. Los hechos necesitan testimonios para ser recordados y testigos confiables que los establezcan para que puedan encontrar un refugio seguro en el campo de los asuntos humanos (...) es esta fragilidad la que hace que el engaño sea tan fácil y tan tentador (...) El mentiroso tiene la gran ventaja de saber de antemano lo que el público espera oír. Prepara su relato con mucho cuidado para el consumo público, de modo que resulte creíble, ya que la realidad tiene la desconcertante costumbre de enfrentarnos a lo inesperado para lo que no estamos preparados.

Si Arendt nos explica por qué es posible mentir, la pregunta sigue siendo: ¿qué hace que la mentira sea convincente? Como señala Christopher Lasch en *La cultura del narcisismo*, los medios de comunicación han hecho que las categorías de verdad y falsedad sean irrelevantes, reemplazándolas por nociones de credibilidad, plausibilidad y confiabilidad: para que algo sea aceptado como real basta con que parezca creíble o plausible, o como ofrecido por alguien confiable. Los hechos dan paso a declaraciones de "figuras autorizadas" y "creadores de opinión", que no transmiten información, sino preferencias y prejuicios, que inmediatamente se convierten en propaganda.

A esto hay que añadir lo que ocurre cuando la sociedad se deja llevar por el mundo digital de las redes sociales, convirtiendo las *fake news* –el avatar actual de la "defensa de la libertad"– en nuestra forma de percibir e interpretar el mundo sociopolítico y cultural.

¿Qué hacer frente a un diagnóstico tal de nuestro presente? A nosotros, que deseamos el fin de la tiranía y buscamos la verdadera libertad, nos corresponde luchar contra la crueldad combatiendo la servidumbre voluntaria, la cobardía y la mentira.

Este libro es una de las mejores expresiones de esta lucha.

Marzo de 2025

Bibliografía

ARENDT, H. (2015). "La mentira en política. Reflexiones sobre los documentos del Pentágono", en: *Crisis de la República.* (pp. 11-41). (Trad. G. Solana Alonso). Madrid: Trotta.

LASCH, Chr. (2023). *La cultura del narcisismo. La vida en una era de expectativas decrecientes.* Madrid: Capitán Swing.

# INTRODUCCIÓN

A pesar nuestro, nos rondan imágenes de demostraciones anti-cuarentena. Vemos fotos que se dieron en distintos lugares del planeta: España, Alemania, Italia, Canadá, los Estados Unidos y la Argentina. Lo que podría aunar las imágenes es que en ellas y en las convocatorias (en general, virtuales) a salir a protestar contra el encierro por el COVID-19, hubo una insistencia en el uso de la palabra *libertad*. Libertad es el concepto emergente de las protestas, la palabra-motor que dejó la pandemia. Su operatividad demostró ser mucho más persistente que la del virus, que pasó a ser un elemento endémico más dentro de la fábrica del mundo, como bien lo describe Judith Butler (2022: 9). La libertad asociada al virus, emergente junto con él, consustancial a sus formas, todavía muta y trastoca las experiencias políticas y sociales de una manera inusitada, extraña, desconocida. Esta libertad emergente no resiste, sin embargo, la analogía con un virus: si así lo fuera, se trataría de probar y ensayar en laboratorios hasta encontrar antídotos. De lo que se trata aquí no es de laboratorios, sino de la persistencia o no del mundo público, tal como lo conocimos.

Fuente: < https://www.nuevatribuna.es/opinion/walter-c-medina/
crecen-marchas-anticuarentena/20200927110245179550.html >.

Fuente: <https://www.eldiarioar.com/opinion/vacunas-creencias-ar-
gentinas_129_7217791.html>.

El concepto de libertad emergente en la pandemia retorna
(aunque de nuevas maneras) a una serie de oposiciones tradicionales en la historia del pensamiento político moderno: ciencia
versus ignorancia; gobierno *versus* individuo; intervencionismo

       LIBERTAD Y CUERPO

estatal *versus laissez-faire*; riesgo *versus* cuidado(s); libre arbitrio *versus* regulación, entre otras. En algunos casos, repone modalidades modernas de esas oposiciones, pero produce efectos distintos en este contexto actual (que ya no sabemos si es moderno). Me interesa analizar aquí, a modo de introducción de este libro, cómo se instaló un concepto de libertad deudor de la pandemia, empezando por el análisis de este tipo de protestas y cómo esa reposición moviliza e impacta aún hoy en la situación política de los países del Cono-Sur; en particular, de la Argentina. La Argentina será central en este libro no sólo porque en ella se escribe, sino porque el país se convirtió en un foco de atención inesperado para la política global, en un experimento en curso. Se trata de pensar de la libertad que deja tras de sí la pandemia, como si ésta no hubiese desaparecido del todo y en contra de los impulsos a olvidarla a como dé lugar y dar vuelta la página. Se trata de pensar en (medio) (d)el trauma.

Fuente: < https://elpais.com/sociedad/2021-11-20/miles-de-personas-protestan-en-viena-contra-el-confinamiento-y-una-vacunacion-obligatoria.html >.

Pandemia, Estado y el fantasma de los feminismos

Como se ve, no hay demasiadas fotos de protestas anti-cuarentena en América latina. La razón es que no las hubo en todos los países, simplemente porque no hubo muchos Estados capaces de sostener largas cuarentenas. Cito ejemplos: en Bolivia, la medida fue dictada desde el 22 de marzo al 11 de mayo de 2020, cuando empezó una cuarentena llamada "dinámica"; en Perú, la medida se dictó desde el 16 de marzo al 26 de junio; en Paraguay, desde el 11 de marzo al 4 de mayo, cuando se pasó a una "cuarentena inteligente". No hubo cuarentena generalizada en Brasil, ni en Uruguay.[1]

Fuente: <https://red92.com/internacionales/tension-en-berlin-por-una-marcha-anticuarentena-que-fue-desactivada-por-la-policia-12106>.

Hay dos excepciones: Chile y Argentina. La cuarentena fue dictada en Chile desde el 18 de marzo de 2020 y se sostuvo, al menos, hasta septiembre en la región de la capital, Santiago, y en la Argentina, desde el 20 de marzo hasta mediados de octubre, también con diferencias regionales. Más allá de cómo efectivamente se respetó esa medida (cuyo alcance fue dispar en ambos lugares),

---

1. El presidente del Uruguay, Luis Lacalle Pou, comparó la cuarentena con un estado policíaco y la contrapuso a la libertad: "no estaba dispuesto a ir rumbo a un estado policíaco", dijo y agregó que "el uruguayo tiene una vocación genética en la libertad". <https://www.perfil.com/noticias/video/luis-lacalle-pou-anti-cuarentena-no-estaba-dispuesto-a-ir-rumbo-a-un-estado-policiaco-uruguay.phtml>.

la sola posibilidad de dictar una medida de extensión nacional y, a la vez, duradera en el tiempo, existió en América Latina sólo en Chile y en Argentina. Eso habla de que sigue siendo una excepción política, en el Cono-Sur, que el Estado tenga penetración en el territorio y cuente con ciertas capacidades operativas (entre ellas, con recursos económicos públicos que destinar al sistema de salud, frente a una pandemia). Como primera hipótesis, entonces, se puede decir que hubo posibilidad de cuarentenas duraderas y nacionales *solo allí* donde hay cierta presencia estatal, extendida en el territorio, y articulación entre los gobiernos centrales y locales. Esta condición no es suficiente (falta la voluntad política), pero sí necesaria.

En el Cono-Sur, las medidas de aislamiento social que se propiciaron frente al virus (sean o no una cuarentena) impactaron en las capacidades de movilización social de maneras diferentes. Dos casos a comparar son, otra vez, Chile y Argentina. En Chile, el virus aplacó las muchas manifestaciones de protesta al gobierno –manifestaciones que había desde el estallido social de octubre de 2019[2]– y obligó a retrasar a octubre de 2020 el plebiscito popular para convocar una asamblea constituyente, para reformar la Constitución nacional de 1980.[3] Es decir, el virus sirvió para dar tiempo y aire al gobierno de Sebastián Piñera, que mostraba una crisis de legitimidad, con movilizaciones masivas en las calles. En algún sentido, la pandemia vació las calles chilenas durante

---

2. A partir de un alza en la tarifa del transporte, dictada el 6 de octubre de 2019, estudiantes secundarios organizaron una evasión masiva del pago del metro en la región de Santiago. Con el correr de los días, la acción se generalizó. Luego de enfrentamientos graves con Carabineros, saqueos y disturbios, se dictó el estado de emergencia en 15 de las 16 capitales chilenas.

3. El referéndum se realizó el 25 de octubre de 2020 para saber si la ciudadanía estaba de acuerdo en convocar a una asamblea constituyente para reformar la Constitución, sancionada bajo la dictadura de Pinochet. Con más del 50% de participación, la convocatoria fue aprobada por una mayoría superior al 75%. Luego, el bosquejo de reforma fue rechazado dos veces por plebiscito popular, bajo el gobierno de Gabriel Boric, y por lo tanto, se mantiene hasta hoy la Constitución que se había sometido a evaluación.

la cuarentena y sólo en las últimas semanas de septiembre de 2020 hubo un retorno a la movilización.

En Argentina, en cambio, se produjo otro fenómeno: se invirtió el componente de quiénes recurrieron a la movilización callejera como recurso político. Las protestas callejeras eran tradicionalmente una práctica política de los sectores cercanos a las izquierdas y al peronismo, por entonces en el gobierno. Pero dado que el presidente Alberto Fernández había invalidado salir a las calles (porque su mismo gobierno había dictado la cuarentena), fueron los sectores opositores los que empezaron a salir a manifestar. Es decir, las movilizaciones se siguieron dando, pero en lugar de ser los sectores ligados al peronismo los que las llevaron a cabo, fueron los opositores quienes las condujeron durante la cuarentena. El peronismo "dejó la calle" y la tomaron otros. Esto generó un cimbronazo y una confusión en las bases de apoyo al gobierno, que buscaron formas alternativas de mostrar su sostén, en un contexto político de creciente crisis económica y política.[4] En resumen, mientras que en Chile el COVID vació las calles y dio un compás de espera al gobierno de Piñera, en la Argentina movilizó a sectores opositores, y eso puso en problemas al gobierno de Fernández, en un contexto de debilidad política creciente.

El ánimo anti-cuarentena en la región no estuvo necesariamente asociado a sectores de derecha. No obstante –con el diario del lunes– ese que parece ser el sesgo ideológico más presente (tanto en América Latina como en Europa), no fue una correlación absoluta. Por ejemplo, en el caso de México, el por entonces presidente Andrés Manuel López Obrador se mostró reticente al aislamiento social y a las medidas de protección en el inicio

---

4. El quiebre de esta situación fue el acto del 17 de octubre de 2020, día en que se conmemoró el nacimiento del peronismo. Había sido planificado que sería, por primera vez, un acto virtual, con creciente desaprobación y crítica de sectores internos y con la incertidumbre sobre cuál sería el efecto en la opinión pública (dada la oposición de los medios de comunicación al gobierno). Pero la *app* para reunirse virtualmente no funcionó y fue la primera vez, desde marzo, que masiva y espontáneamente el peronismo volvió a las calles de la ciudad de Buenos Aires, esta vez en la forma de "caravanas" de autos y bicicletas –antecedidos por una manifestación sindical de camiones–.

de la pandemia. Las movilizaciones anti-cuarentena en general, además, no respondieron necesariamente a un sector político organizado: aunque en la Argentina las movilizaciones se asociaron al frente de la oposición, por entonces bajo el nombre de "Cambiemos", fue solo una fracción la que mostró su presencia física en las calles, acompañando las marchas. La novedad fue la fragmentación de sectores opositores que confluyeron en las protestas contra la cuarentena y la creciente presencia de grupos extremos, a lo que se sumaron desafiliados de la política en general, todos en contra del gobierno de Fernández. De este río revuelto –entre activismo político organizado, fragmentación radicalizada y desafiliación– salieron bases de apoyo del grupo que hoy gobierna la Argentina: el libertarianismo.[5]

No obstante, las marchas no fueron formalmente partidarias (o no lo fueron del todo). En la Argentina y en los Estados Unidos, la división entre el sector favorable a la cuarentena y el sector desfavorable fue idéntica a la división entre el sector de apoyo al gobierno y el sector de oposición: así como Donald Trump evitó usar barbijo todo lo posible, en la Argentina, el ex presidente Mauricio Macri se mostró en contra de lo que llamó

---

5. La primera marcha posterior a la cuarentena se realizó en la Argentina el 8 de noviembre de 2020. Se le llamó "8N", en referencia a la marcha contra el gobierno de Cristina Fernández de Kirchner de 2012, realizada el mismo día. Eso permite pensar la continuidad de un ánimo antikirchnerista, pero también la fragmentación radical de los sectores que convocaban y la disparidad y generalidad de los reclamos –desde críticas a la corrupción y reclamos por el acceso directo a la compra de dólares, primero, a libertad en sentido indeterminado (asociado mayormente a la no interferencia) y quejas por la inflación–. En 2020 estuvieron en la calle, por ejemplo, Javier Milei, hoy presidente de la Nación, José Luis Espert, hoy Presidente de la Comisión de Presupuesto y Hacienda Cámara de Diputados de la Nación y Patricia Bullrich, hoy Ministra de Seguridad. Ninguno de ellos tenía la relevancia que tiene hoy: José Luis Espert salió último en la elección presidencial de octubre de 2019, con 1.47% de los votos (teniendo luego un crecimiento exponencial en su candidatura en la provincia de Buenos Aires, ya dentro de la estructura electoral de Milei, en 2023) y Patricia Bullrich bajó su candidatura presidencial para favorecer la de Milei, luego de ganar su interna con el antes Jefe de Gobierno de la Ciudad de Buenos Aires, Horacio Rodríguez Larreta.

una "cuarentena eterna", que destruiría, según él, la economía del país, y mostró que era posible salir de vacaciones a Francia, mientras el país estaba confinado. En otras palabras, la división política que produjo la pandemia estaba sobredeterminada por la división política ya existente y reforzó esa división. Por eso, muchas veces movilizarse contra la cuarentena fue una excusa para manifestarse políticamente, por motivos de política interna.

Las movilizaciones anti-cuarentena, por otro lado, no se dieron desde la nada. En América Latina, en años anteriores, se habían visto crecientes movilizaciones que descolocaban la pertenencia política y llamaban a la revitalización del rol de los individuos y de sus grupos más primarios, como la familia –en su acepción de familia estrictamente heterosexual– y en contra de medidas como la educación sexual integral en las escuelas y la vacunación obligatoria. Fueron movimientos que se presentaron bajo los lemas de "Con mis hijos no te metas", "Con mis hijos, no" y contra la llamada "ideología de género", etc., que se replicaron con fuerza en el Cono-Sur, sobre todo apoyados por sectores evangélicos. Esas movilizaciones también volvían al concepto de libertad, tomándola en el sentido de no-injerencia estatal en decisiones supuestamente privadas, como la educación. Es decir: las movilizaciones anti-cuarentena tuvieron una relación estrecha con otras anteriores, que se estaban dando en el continente, contra el así llamado "intervencionismo estatal" y que fueron de signo conservador y de rechazo a la política establecida, a la política del *status-quo*, a la que se identificaba con una moral "progresista", "políticamente correcta" y favorable a la "ideología de género". Esto se dio en pleno crecimiento de la presencia en las calles y en las legislaciones de los activismos feministas y disidentes –particularmente en la Argentina, desde el movimiento Ni Una Menos–.

Esta contigüidad entre las manifestaciones anti-género y las anti-cuarentena no era tan clara en su momento, pero sí lo es hoy: en las manifestaciones anti-género hubo un acervo de prácticas en las que referenciarse y un modo de intervenir –aun cuando a primera vista no hubiera mucho en común entre exigir oscurantismo pedagógico y gritar por libertad en las calles–.[6] Y hubo, también,

---

6. Al respecto, ver Saferstein y Vicente, 2020.

la puesta en disponibilidad de amplios sectores de la población, que se manifestaban crecientemente en forma pública a través de la designación de un campo político *alter* y de un discurso respecto del cual tomaban radical distancia: los feminismos y cualquier cosa que sonara a progresista.

En la Argentina, en particular, ese discurso progresista, que se rechazaba, empezó a referenciarse con el Estado en el imaginario de esos sectores disponibles, con las burocracias que lo ocupaban y con sus políticas públicas. Para esos sectores puestos en disponibilidad política, los feminismos se designaron como un relato y un tejido de prácticas que crecían porque se los suponía impulsados por el Estado, visto crecientemente como una forma de interferencia autoritaria y avasallamiento cultural, llevada adelante por un conjunto de autoridades percibidas como ajenas, capilares y moralizantes. Entonces, solo faltaba la oportunidad, *l'occasione* maquiaveliana, para que esa referencia contigua entre Estado y feminismos se uniera con la imagen tradicional que designaba al Estado como obstáculo al impulso económico privado, carga tributaria excesiva y pretensión ineficiente de redistribución de derechos, para que se pariera una nueva alianza política: la que hoy gobierna. Una alianza re-activa e inusitada, la del libertarianismo y un sentido común anti-estatalista, ya sedimentado, que encontró en los feminismos el elemento perfecto de coagulación, el fantasma que precisaba.[7]

---

7. En *¿Quién le teme al género?*, y siguiendo al psicoanalista Jean Laplanche, J. Butler (2024) describe la popularización del concepto –por demás polivalente– de género como el "fantasma" que hace "sintaxis" y organiza los miedos y las ansiedades contemporáneas de ciertas sociedades y les permite externalizar en otro su causa. Butler entiende que no alcanza con la palabra *backlasch*, efecto reactivo, para describir el momento contemporáneo, sino que se trata de una "restauración" de un cierto orden perdido idílico o natural. Creo que no es exactamente lo que sucede en la Argentina, donde el género se utilizó como el fantasma que permitió unificar posiciones por demás disímiles: estamos ante un gobierno libertario que, sin embargo, sostiene posturas intervencionistas en términos sexuales. Pero se utiliza al género como sintaxis en el sentido de elemento que muestra el grado de intervencionismo cultural supuestamente inaceptable que tenía el Estado, antes del gobierno actual. Las políticas de género permitieron ser el chivo expiatorio para unificar distintas posturas

Este libro forma parte de una obsesión por el tema de la libertad, que se hizo cada vez más compartida y urgente. Está organizado de formas binarias, poniendo a la libertad en tensión con otros términos que o bien parecen opuestos, o bien su reverso, o bien su continuidad anómala, para ver si de esas tensiones surgen otras maneras de pensarla que las de la definición. Porque no hay definición posible de la libertad, dada su historicidad y dado que implica la distancia –muchas veces, una distancia de lucha– respecto de un contenido actual, de un estado actual de las cosas. Más bien, lo que aquí se busca es situarla y rodearla al trazar contrapuntos que, sobre todo, están pensados para este momento y este lugar, desde otros momentos y lugares.

---

respecto del Estado, entre las clásicas de las derechas y las de sentido común pandémico. Fueron vistas como aquello que demostraba lo superficial del gasto social, lo ajeno a las demandas concretas de la población. La identificación entre lucha de género y Estado es una operación política central del libertarianismo, porque sin dudas los feminismos de la Argentina mostraban relaciones más o menos distantes con el Estado, pero de ninguna manera podían identificarse con él, por ser incluso esa relación con él un motivo de disputas internas. Probablemente las luchas de género eran, antes bien, lo que ponía en escena otra imagen de libertad. Al respecto, Verónica Gago (2024) apunta: "Cuando me refiero a que las luchas transfeministas son lo que antecede, como movimiento, al «contramovimiento antigénero», también pretendo subrayar su capacidad de desestabilizar poderes, normas y violencias estructurales, liberando zonas de su tutela. Este proceso consiste en una praxis donde «liberar» no es sinónimo de desregularizar ni de individualizar. Dos insistencias entonces: liberar no es sinónimo de victoria definitiva, sino de apertura de una lucha constante (desestabilización), y liberar no tiene una declinación neoliberal (individualizante). En estos puntos se encuentran claves importantes de la densidad antineoliberal, anticapitalista, antirracista y antipatriarcal que estas luchas expresan como momentos de posibilidad, apertura práctica e imaginación combativa. (...) «Género» no funciona como un nuevo significante vacío o flotante, sino como un modo de nombrar un conjunto de luchas diversas que han dado sentido y materialidad a un deseo revolucionario en los últimos tiempos y a una disputa en curso sobre la idea misma de libertad".

CAPÍTULO I

Libertad *versus* cuidados. Lo que la pandemia nos dejó en el Cono-Sur[8]

La cocción a fuego lento de la libertad como no interferencia y re-acción

En las movilizaciones anti-cuarentena, tanto en las de la Argentina como en las europeas y las norteamericanas, hubo una nueva figuración de estas luchas enlazadas de anti-progresismo, anti-feminismo y anti-estatismo (una tríada inédita), que se manifestó en la omnipresencia del término de libertad. Libertad se impuso en las marchas anti-cuarentena como el concepto central: un articulador, un grito, casi el único capaz de aglutinar la diversidad de reclamos y opiniones. Desde entonces, la arenga no salió más de la escena política.

Ahora bien, ¿qué se entendía por libertad en ese momento? En primer lugar, pareciera que se hablaba de la libertad de movimiento y de circulación, frente a las regulaciones gubernamentales de "Quedarse en casa": se representó a la libertad como poder salir a bares y restaurantes, como la libertad de poder viajar o moverse por las rutas sin mostrar permisos de circulación y como la libertad de ir a comprar sin límites de horarios o de días. También surgió la libertad de trabajo, esgrimida más por cuentapropistas, emprendedores y dueños de comercios, que por sus empleados (al menos en la Argentina, donde una amplia

---

8. Parte de este texto se discutió en las segundas Jornadas del Centro de Estudios Sociopolíticos de la Universidad Nacional de San Martín en octubre de 2024.

proporción de las empresas pagaron la mitad de sus salarios con ayuda estatal). También resonó la libertad de disponer del "propio cuerpo" contra la vacunación forzada posible. Pero además se habló ya no de la libertad *para* tal cosa, sino de la libertad como enfrentar el miedo, como la auto-regulación de los riesgos, como auto-dominio, por fuera y, sobre todo, *en contra* de las regulaciones vigentes. Se trataba de la libertad como rechazo y acción pública en contra de lo que se consideraron ataduras institucionales: leyes y vacunas, regulaciones y burocracias.

En este sentido, se representó a la libertad como un pasar al acto: el no-uso público de barbijos, el no acatamiento explícito a la disposición de restringir la circulación y la manifestación pública de estar a favor de la apertura total de actividades, para que cada cual tome los riesgos que considere justos. Este pasar al acto mostró en las calles la fractura expuesta en las formas de trabajo: quienes salieron a protestar fueron sobre todo precarizados y cuentapropistas, y no quienes contaban con un empleo formal y seguían cobrando un sueldo fijo, más allá de tener que ir a trabajar físicamente a un lugar. En la Argentina, puso sobre todo a trabajadores estatales en la mira de los resquemores de la población. El pase al acto de la libertad configuró un sentido del concepto que no fue tanto el de tener libertades *para*, sino el de libertad como *autogobierno*, como gobierno de sí, y esto implicaba el actuar en *rechazo público* de lo que pudiera surgir de una doble fuente de emisión, visualizada como el obstáculo a remover: el gobierno y la ciencia, tomados como una *alianza coercitiva*.

Lo que podría aunar ambos sentidos de libertad (el de libertad para y el de libertad como gobierno de sí) es que la palabra parecía exponer el rechazo explícito y público a cualquier intervención estatal (en la salud, pero incluso más, en la economía), el llamado a actuar públicamente en contra de las regulaciones (incluso científicas) y pretender activamente su socavamiento. En esta línea, cualquier intervención estatal fue calificada de autoritarismo (hasta llegar a designarla como totalitarismo e "infectadura", en el caso argentino).[9] Ambos sentidos de libertad convergieron,

---

9. El término "infectadura" empezó a circular con fuerza en el contexto de la pandemia en la Argentina. En agosto de 2020 un grupo de

en resumen, en estar en contra de la intervención estatal en la vida (sea por medio del control sanitario o de la regulación económica) y, entonces, la tercera acepción del término, la de actuar activamente en contra de lo que se entiende como una fuente de coerción, se hizo predominante y un caldo de cultivo para nuevas tradiciones políticas. La libertad asumió así un perfil *destructor*: no sólo es el acto contra la coerción, sino el mandato continuo de destruir las supuestas fuentes de coerción.

Fuente: <https://www.tvpublica.com.ar/post/manifestacion-anticua-rentena-atacaron-el-movil-de-c5n-en-el-obelisco>.

---

intelectuales publicó una carta abierta utilizándolo en diarios de circulación nacional y advirtiendo sobre el riesgo democrático del momento de cuarentena. <https://www.clarin.com/politica/-democracia-peligro-carta-abierta-intelectuales-cientificos-aler-ta-eficaz-relato-infectadura-_0_AxrZQ6O5F.html?srsltid=AfmBO opsmX3El5gsZlnjxw3_P5-V7LGQy-FOK1ftzzoubVdWR0bk9fy7>.

Una respuesta vino por parte del grupo Comuna, también en la modalidad de carta abierta: <https://www.pagina12.com.ar/270770-comuna-argentina-texto-fundacional-y-firmantes-del-nuevo-esp>.

Un extracto de la carta afirma: "Las personas libres somos las que reconocemos esta paradoja, se evita la circulación contaminante que no es libertad sino su pérdida futura, para proteger la vida que es el basamento efectivo de toda libertad autoconsciente y de toda plenitud circulatoria futura".

El Estado apareció en esas protestas, ya entonces, como *lo otro de la libertad*. Se convirtió en el principal sujeto emanador de una coerción de la que había que liberarse con actos de desobediencia públicos, que minaran su legitimidad. Se le cuestionó no sólo su efectividad en paliar los efectos de un virus global y desconocido, sino que, crecientemente, se le objetó el solo hecho de querer intervenir. Y esto no fue así únicamente por parte de opositores, sino que, en el caso argentino, la propia base de apoyo del gobierno empezó a decir cada vez más, en voz alta, que "la gestión de la pandemia no fue buena". Por eso, paradójicamente, Alberto Fernández tenía razón cuando dijo que había llegado "la hora del Estado".[10] El Estado sería de ahí en más el protagonista, el blanco de un ataque. Esto tendría y tiene efectos políticos cuya profundidad y duración son insondables.

La libertad post-pandémica: ni derechos, ni deberes, ni garantías

¿Qué se entiende por libertad ahora, en el presente post-pandémico? ¿Qué quedó como marca persistente de los sentidos de libertad que se esgrimieron hace tan pocos años? El sentido de libertad imperante nuestro presente post-pandémico supone la representación imaginaria de un contexto de competencia y de escasez,[11] que la enmarcarían. Es un contexto representado como similar a un juego de suma cero: lo que alguien ganaría

---

10. Cadena pública nacional, 8 de mayo de 2020.

11. La presunción de escasez es una condición necesaria para que el discurso del riesgo, la competencia y la habilitación a que cada quien se preocupe sólo de su propia supervivencia tenga un efecto operativo. En la Argentina, el lema político instalado por el gobierno libertario fue: "No hay plata", cuya plasmación derivó en el recorte drástico del presupuesto estatal en las áreas de más variada y central incumbencia, hasta llegar a la propuesta de déficit fiscal cero. El discurso, lejos de ser de campaña, se tornó sentido común. Economistas como, por ejemplo, Gustavo Busso, de la Universidad Nacional de Río Cuarto, discuten el axioma de la escasez, para privilegiar la pregunta sobre las fuentes de captura del excedente posible por parte del Estado y su redistribución.

en libertades, algún otro lo perdería. Por ejemplo, si un grupo puede acceder a prerrogativas que no tenía antes, otros grupos imaginan que es a su costa que esas prerrogativas se otorgan. En un imaginario excluyentemente economicista, no cabe pensar a la libertad como un bien colectivo, sino como algo que alguien paga de alguna manera.[12] Por tanto, es una libertad que se desliga absolutamente del concepto de **derechos**, que fue su contrapartida liberal por excelencia.

La libertad imperante hoy no parte de la igualdad de derechos, sino de un escenario imaginado de competencia desregulada entre desiguales, que se da en torno a conseguir bienes escasos. La libertad es un instrumento para conseguir esos bienes escasos, es una prerrogativa, una habilitación para hacer sin límites dentro de ese contexto sin reglas, que se toma como un axioma indiscutido e inmodificable. Por eso, las libertades terminan asociándose con poder elegir entre bienes excluyentes. Es seguir una opción que también es deseada por otros y, por lo tanto, se debe despejar el terreno de regulaciones (consideradas "obstáculos") para que gane el mejor. La libertad es otra manera de decir elección (vital) en contextos de escasez y competencia, sin regulaciones. Incluso si se tratara de ser libre como derecho irrestricto para determinar el propio plan de vida, ese plan de vida se debe realizar en un entorno en el que otros tienen también derechos irrestrictos a escoger sus planes, por lo que hay un momento en el cual se prevé que esos derechos irrestrictos entren en colisión y haya que sacrificar los planes de vida de unos, en favor de los de otros.

Es una libertad, además, que se disocia de las **garantías** que están vinculadas a los derechos: la libertad de seguir el propio plan de vida insume un riesgo y la aptitud para prevalecer en un contexto de competencia y escasez. Cuando las garantías aparecen esgrimidas por el sentido imperante de libertad, es porque se las usa para atentar contra otros usos de la libertad: se puede así sostener el derecho a la libertad de expresión, para esparcir noticias falsas, o la libertad de comercio, para defender la conformación de monopolios. Es una libertad solipsista, que atenta particularmente contra los grupos sociales que son más vulnera-

---

12. Al respecto, ver Holmes y Sunstein, 1999.

bles o dedicados a tareas de garantizar la vida de otros: de aquí al canto de guerra contra los feminismos había un paso lógico. La libertad, por tanto, no es pensada como colectiva ni como cooperativa, ni siquiera como solidaria o cuidadosa de otros: entre libertad y *cuidados* se abre un abismo. La libertad individual en el escenario post-pandémico se toma como opuesta a la libertad colectiva, que es interpretada como una forma encubierta de dominio.

Así como la libertad imperante se divorcia del concepto de derechos –de su universalidad y de su idea de bien colectivo no excluyente y atento a garantías–, se divorcia también del concepto de **deberes**. Sumida como está en una época de declive de la autoridad, para esta libertad los deberes pasan a ser entendidos como una coerción que puede ser tolerada sólo si es de cara a grupos cercanos de parentesco o de filiación, pero que es cuestionada si son deberes frente al Estado. Por eso, es un tipo de libertad que se lleva mal con la idea de ley. La ley es vista como un límite externo a una potencia que, desregulada, generaría por sí sola una multiplicación de los panes y los peces. Es una idea de libertad que coquetea con el absoluto, con la intolerancia a los límites, con el rechazo a cualquier regulación, marco o intervención que no sea la que ella misma encuentra, en la inmanencia de su propia dinámica. Es una libertad, en fin, que cree en un orden "espontáneo" –una cataláxia–[13] contra el orden artificial que nacería del "intervencionismo": esto es todo lo que puede pensar como justicia.

La grieta abierta en el presente entre libertad y ley no es un problema menor. Jean-Jacques Rousseau fue el primero en decir claramente que lo esencial a lo humano, lo que distinguía al humano del animal, era la libertad. Acto seguido, como bien lee Pierre Manent (1990), Rousseau desencializó la esencia humana, para que ella no fuera un mandato a cumplir, una semilla que contenía en ciernes qué era eso a lo que se llama "humano". Lo humano era la apertura para performatearse, para mutar, para

---

13. Cataláxia y praxeología son los términos que utiliza Ludwig von Mises para describir la espontaneidad inmanente de ese orden en *Teoría de la acción humana*, de 1940.

encontrar en sí aquello que se tenía en común con los otros –el "arquetipo" del semejante– y aquello que diferenciaba y hacía distinto a cada quien. La libertad era la esencia de lo humano, si se entendía por esencia la apertura e indeterminación.

Rousseau fue también el que se animó a trazar otra genealogía de la libertad: mientras que en Locke la libertad era un derecho natural tanto como lo era la propiedad (porque cada quien, en estado de naturaleza, era dueño de su vida, su libertad y sus bienes), Rousseau dijo que la propiedad era lo que hacía que la libertad se perdiese, al forzar a los hombres a entrar en cadenas de dependencia personal: el rico dependía del pobre. Para él, se trataba de evitar que los humanos estuviesen en cadenas de dependencia y de sumisión personales (porque eso, justamente, los tornaba esencialmente humanos o, lo que es igual, libres). La salida que Rousseau imaginó a la oposición entre dependencia personal y libertad es que los ciudadanos conformaran una asamblea, un mecanismo legislativo impersonal del cual fueran absolutamente dependientes[14] y, al obedecer la ley que ellos mismos crearan, sólo se obedecieran a sí mismos. En otras palabras, que recuperaran la libertad, ya no como independencia, sino como autonomía colectiva.

El sentido imperante hoy de ley vuelve sobre el tema de la dependencia y la independencia y sobre la propiedad, pero les da otros sentidos: ser libre es una condición desigual, que varía de acuerdo a la posición social, en contextos cada vez más fragmentados, cada vez más estallados. Para las mayorías, ser libre no es ser propietario, sino poder hacer en contextos de imposibilidad de acceso a la propiedad y de despojo de derechos y garantías, incluso de las condiciones mínimas de habitabilidad, de vivienda y de un medio ambiente no contaminado. Es poder hacer en con-

---

14. Isaiah Berlin (2004) llama a Rousseau un traidor a la libertad, porque en su derrotero, había convertido la libertad en su reverso, el dominio. El punto nodal de la crítica es, como siempre, la frase rousseauniana que habla de "obligar a ser libres" a aquellos que no puedan privilegiar un interés público por sobre uno faccional o personal en la asamblea. No puede discutirse esto aquí, pero solo mencionaré que lo que Rousseau llama libertad y lo que Berlin dice que Rousseau llama libertad son dos cuestiones opuestas.

textos de dependencia absoluta respecto de mecanismos impersonales, como las *apps* de todo tipo, cuya propiedad en general se desconoce y que limitan la libertad al uso compulsivo dentro de marcos prefijados. La libertad es un saber moverse en los modos de vida de la des-apropiación y la impersonalidad, que gobiernan no sólo la esfera pública, sino la privada. Es la capacidad de gozar en la adaptación.

¿Por qué sentidos tan restrictivos e individualizantes de libertad como éstos tuvieron tanto peso en la pandemia y proyectan su influencia en la situación contemporánea? ¿Por qué en países con altísima proporción de la población precarizada, con sistemas de salud públicos deficientes y con Estados con baja capacidad de control económico, como son los del Cono-Sur, aparecieron sentidos de libertad que no apuntan a revertir estas condiciones sino, por el contrario, a darlas por sentadas, como si fueran un destino imposible de modificar e, incluso, agravarlas? ¿Son conservadores o son revolucionarios de otra forma estos sentidos de libertad? ¿Por qué es imposible pensar en sentidos de libertad colectivos? ¿Por qué ni siquiera puede decirse en serio, en nuestro tiempo, que la libertad puede ser realizada en un mundo de instituciones comunes o en un proyecto colectivo, sin ser mirado con sorna por el interlocutor o acusado de "comunista"? *¿Por qué, en fin, sectores populares abrazan la idea de una libertad sin derechos?* En el sentido contemporáneo de libertad sobresale un perfil destructor, como si para liberarse hubiera no sólo que salirse sino ir en contra de las instituciones, sobre todo de las estatales, que asfixiarían una potencia irredenta, individualizadora y latente, a la que sólo habría que sacarle el pie de encima para que florezca. ¿Qué dice esto de las formas de vida contemporáneas?

Empoderamiento y sacrificio

Una respuesta posible a estas preguntas es teórica. En las últimas décadas, la libertad había perdido peso en los imaginarios sociales. O mejor, en un imaginario específico, que le era especialmente caro: el de las izquierdas. Las izquierdas abandonaron los discursos por la emancipación y prefirieron los de la protección.

Las derechas retomaron la libertad, en varias acepciones distintas, entre ellas, las de *poder* y *sacrificio*. La libertad, que había sido definida ya como una modalidad del poder por John Locke (el poder de hacer o no hacer una acción, según la propia volición y el poder de suspender la acción, hasta ejercer la facultad del juicio, dice en el capítulo 21 del *Ensayo sobre el entendimiento humano*), es hoy quizá el mejor argumento de grupos conservadores para poner límites a cualquier intervención social progresista. Como dirá Wendy Brown, en una entrevista publicada por el diario *El confidencial*, del 26 de diciembre de 2019:

> Quizá lo más importante en los últimos veinte años ha sido que la derecha ha aprendido cómo usar las políticas de libertad –la libertad de expresión, la libertad religiosa, social y económica, los derechos de la propiedad– para atacar las políticas de igualdad, inclusión y protección del planeta de la izquierda. Lo que nos está dañando a la izquierda ahora es que esta cedió a la derecha el lenguaje de la libertad. Todo, desde el etno-nacionalismo hasta los derechos del patriarcado, se enmarcan en este lenguaje de la libertad.

Las izquierdas regalaron la libertad. Enmarañadas en defender el Estado de Bienestar en los lugares que lo conocieron, en cambiar de jerga luego de la caída de los socialismos reales o en promover legislaciones favorables para la protección de minorías y diversidades, el discurso de las izquierdas hace décadas que no se asienta tanto en la libertad, sino en la seguridad, las identidades y los cuidados.[15] La libertad quedó asociada a libertad de movimiento, a libertad económica y al emprededurismo, frente al sentido que había tenido de posibilidad abierta y colectiva de cambiar el orden social. O, mejor, se empezó a pensar que la única posibilidad de cambiar el orden social era absolutizar la libertad de movimiento, la libertad económica y el emprede-

---

15. Lo dicho se puede leer como un reproche, sobre todo en el contexto argentino: es porque se defendieron ideas progresistas que llegamos a esto. Quiero decir lo contrario: no hay otra manera para salir del embrollo que sostener ideas de protección, cuidado y pluralidad. El problema es cómo esas ideas se vuelven una crítica activa del presente y no un discurso conformista, que convive sin problemas con la destrucción de las condiciones que hacen vivible las vidas.

durismo y que ese orden fuera "espontáneo". Son, si se quiere, las esquirlas teóricas de la penetrante crítica de Isaiah Berlin: no hay posibilidad de llegar a valores comunes en una sociedad contemporánea, post-racionalista, y todo intento de hacerlo es visto como autoritario. Por lo tanto, que cada quien lleve como mejor pueda su plan de vida y se haga caso de logros y fracasos, sin quejarse por las condiciones.

Otra respuesta posible es histórico-económica. El abandono por parte de las izquierdas del lenguaje de la libertad (¿concomitante quizá con el abandono del lenguaje de la revolución o del sujeto agente?) quizá pueda explicarse por el análisis que hace Michel Foucault del neoliberalismo, en *Nacimiento de la biopolítica*. En ese curso de 1978-79 dictado en el Collège de France, Foucault explora cómo surgió el nuevo "arte de gobernar", al que llama liberalismo en el siglo XVIII. Esta reprogramación del liberalismo en neoliberalismo se hace sobre todo a partir de una instrumentalización de la libertad, que se convierte en pilar de la *gubernamentalidad contemporánea*.

El enfoque de Foucault es importante, porque todavía no cesa en sus efectos. Ante la variedad casi ilimitada de alusiones generalistas acerca de qué sería el neoliberalismo –una matriz que podríamos resumir en la línea teórica que va de Boltanski y Chiappello (2002) a Laval y Dardot (2013)–, Foucault habla de algo simple, pero fundamental: el neoliberalismo no sería una etapa del capitalismo, ni siquiera un conjunto de políticas públicas determinadas o la sumisión al libre mercado, sino una nueva forma distinta de la razón, un orden normativo de la razón, una nueva racionalidad rectora de la conducta. Esta nueva racionalidad pone al mercado, a sus prácticas, a sus principios, a su forma, en el centro de todas las esferas de la vida. El mercado se transforma en el punto de veridicción de todas las esferas de la vida, en aquel parámetro por el cual ordenarlas, justificarlas (o no) y la perspectiva desde la cual pensarlas. Esta razón rectora, cuando se vuelve dominante, produce una economización de todas las áreas y de todas las jergas: todo se traduce a la lengua económica. Esto no significa que todo deba pagarse, sino que todo –incluso cada uno y sus vicisitudes de la vida– se piensa a partir de criterios económicos: el embarazo y la adopción, la evaluación de la performance estatal, de la salud y la educación, las elecciones de pareja, de amistad, los ámbitos que se frecuentan, la muerte, todo debe contarse como haberes o déficits, en una estrategia económica. El mercado es la nueva racionalidad. Es la forma de todos los ámbitos, un criterio social de validación y de juicio.

Esta colonización económica produce una transformación del liberalismo clásico. Porque si en el liberalismo se trataba de que el Estado no interviniera o interviniera lo menos posible para mitigar los efectos del mercado (sobre el desempleo, la pobreza, la competencia, etc.), en el neoliberalismo, por el contrario, se trata de que intervenga para promover la economización total. El Estado neoliberal, de hecho, sólo será juzgado competente y legítimo si lo logra y, a su vez, se economiza, quitando de sí lo que es propiamente político, lo que no pueda justificarse según criterios de mercado.

El neoliberalismo, así entendido como una racionalidad, gobierna particularmente a través de la libertad. Esta es una continuidad y una diferencia respecto del liberalismo. Porque la libertad no es la misma, ahora traducida a jerga económica. El arte de gobernar que había surgido en el siglo XVIII, el liberalismo clásico, dependía de la libertad. Esto es: para funcionar, debía producirla y a su vez, la consumía. Era la tensión entre libertad y **seguridad**. En el liberalismo clásico no se trataba de garantizar la libertad, de respetarla, sino de la dinámica de producirla para consumirla, porque sólo así podía funcionar. Para retomar el ejemplo de Foucault en la clase del 24 de enero, se necesitaba la libertad de comercio. Pero, para producirla, se debía acabar con la hegemonía de algunas regiones sobre otras, de algunos vendedores sobre otros. Por eso, el costo de la producción de libertad era la seguridad. Se debía determinar cada vez, cuál era el punto de equilibrio en el que los intereses de unos no exterminaran a los intereses de los otros, para reponer algún interés colectivo sobre los individuales. Esto suponía el arte político de saber cuándo intervenir, pero para retirarse.

En el neoliberalismo también se gobierna a través de la libertad. Pero esta libertad cambia. Los sujetos se convierten en empresarios de sí mismos, o aun más, en capital humano, en inversores de sí, que pueden contar todas sus decisiones de vida como elementos con los cuales venderse: a qué escuela fueron, qué amistades tuvieron, con quién se ligaron amorosamente, cuáles son sus puntos fuertes y débiles en el carácter, cuánto pueden trabajar en equipo, cuáles son sus enfermedades, cuántos hijos tienen. Los sujetos libres son gobernados y administrados hasta en lo más recóndito de sus aspiraciones y características de personalidad, en todos los pliegues de sus historias: todo sirve (o no) para convertirse en capital de sí. Ya no hay, por tanto, esferas privadas intangibles, ámbitos reservados a la acción sin interferencia, como quería la libertad negativa: todo está interferido.

Esta libertad, además, ya no se mide con la igualdad, punto de partida del liberalismo clásico. Por volver a Locke: "los hombres nacen iguales en jurisdicción y derechos" y "los hombres son dueños de la vida, la libertad, los bienes", son afirmaciones axiomáticas, que no pueden entenderse la una sin la otra. Es porque se nace igual en derechos que se es libre. La libertad neoliberal es, por el contrario, el soporte de la desigualdad. La desigualdad es la norma, es lo que debe ser, es lo que es obvio que se produzca, en ámbitos mercantilizados. Es entendida incluso como lo que certifica las diferencias, las individualidades, las distinciones que se naturalizan. La paradoja de la libertad, en el neoliberalismo, es que el dominio ya no es por poderes impersonales, sino por uno mismo. La libertad se vuelve el parámetro de la auto-sujeción, de la responsabilización individualizada, de la auto-explotación. La libertad se convierte, fundamentalmente, en la otra cara de un **sacrificio** que excede el sistema de premios y castigos. En sacrificio por el sacrificio mismo y sin tiempo.

El abismo entre libertad y cuidados

Este sentido de libertad como sacrificio individual y el rol que se impuso a los Estados de garantizar el sacrificio, de garantizar con su retirada que cada quien se arregle como pueda, fue absolutamente operativo en la pandemia. "Que se arregle como pueda quien tenga que salir a trabajar mientras esté el virus" y "que cada quien se valorice de acuerdo a sus logros" son sentencias isomórficas: una útil para tiempos de pandemia y otra útil para tiempos "normales". Son demandas a reconocer la racionalidad de la época y no resistirse, que pretenden tener la fuerza de una evidencia incontrastable. La pandemia solo pudo poner entre paréntesis, por un rato y en aquellos países donde se impuso una política de cuidados desde los gobiernos centrales, este sentido imperante de la libertad. Pero cuando esos gobiernos empezaron a mostrar que el virus no era controlable del todo por la política (aun cuando nunca lo fue y de lo que se trataba era de minimizar daños en vidas), la confianza en ellos empezó a flaquear y se empezó a exigir de nuevo que cada quien sea responsable por los riesgos que tomase, como única forma de racionalidad aceptada para la conducta social. En la oposición entre libertad así entendida y cuidados, que se había perfilado entonces, la libertad terminó por fagocitarse al polo de los cuidados: los cuidados no son más un valor colectivo, ni un fin colectivo, sino un problema de la responsabilidad de sí. Del núcleo más primario. De mujeres, en altísimas y desiguales proporciones.

Del binomio cuidados/libertad, planteado como oposición en la pandemia, la que ganó es la libertad, porque el cuidado fue progresivamente identificado con la defección de la autoridad estatal, con el fracaso inherente a cualquier estrategia colectiva, como el sinónimo de una intromisión que no se tolera en la esfera de la propia iniciativa. La ilusión del igualitarismo del virus –la ilusión de que, dado que cualquier cuerpo discreto era vulnerable, mejor "nos cuidamos entre todos"– se disipó de la peor manera: el virus podía contagiar a cualquiera, pero no cualquiera tenía acceso a los mismos cuidados, ni a la misma protección, en países con desigualdades estructurales y crecientes y, por eso, por qué no liberar el riesgo y dejar que cada uno se las arregle. Por qué no resignarse al sacrificio.

Decíamos al inicio que se pudo dictar una cuarentena, como medida nacional, sólo en países donde había ilusión de Estado. ¿La "gestión" del COVID amplió las capacidades estatales? Sí y no. Por un lado, ciertamente se reforzaron los sistemas de salud públicos y las capacidades estatales de llegada a ciertos territorios y poblaciones. Un ejemplo: en la Argentina, producto de la solicitud de inscripción de la población para recibir ayuda económica estatal durante el virus, aparecieron millones de personas de las que no se tenía registro formal.[16] También por un momento se tornó visible cómo se tomaban decisiones en la jerarquía estatal y se revalorizaron los gobiernos locales. Por el otro, la extensión en el tiempo de la pandemia y los magros resultados obtenidos en controlar la contagiosidad (que probablemente excediera la capacidad de cualquier Estado) erosionaron la autoridad, en los lugares en los que se dictaron cuarentenas extendidas. Se descargó en los gobiernos la frustración por el malestar económico y la incertidumbre social. Tanto que quizá exista una correlación entre el avance en la cantidad de muertos, la extensión en el tiempo de la pandemia y la erosión de la autoridad pública. Una erosión que fue de tal magnitud que incluso un gobierno libertario como el de Javier Milei en la Argentina, que se presenta a sí mismo como destructor del Estado,[17] puede suponer una reafirmación de la autoridad presidencial, en comparación con la que existió en el último tiempo de la pandemia, bajo un gobierno de signo contrario.

Los gobiernos se hicieron dependientes de algo que no controlaban: la evolución de un virus contagioso y desconocido, en países con déficits de todo tipo, entre ellos en el sistema de salud, la cobertura territorial y la presencia de desigualdades acrecentadas. Pero las capacidades de gestión de estos gobiernos fueron cada vez menores con el tiempo. Tal es así que incluso las demandas progresistas, movilizadas por la idea de que en la crisis de la pandemia había una oportunidad preciosa para intervenir a favor de las igualdades, se vieron frustradas, y los gobiernos oscilaron entre la demanda de retiro absoluto y la frustración por no hacer lo que se podía hacer. Porque sí hubo demandas progresistas: de reforma tributaria, de distribución de la tierra, de rechazo a la corrupción y a la política "de palacios", de reestructuración del sistema de salud. Esto se vio particularmente

---

16. <http://www.elpopular.com.ar/nota/149600/con-la-pandemia-se-descubrieron-9-millones-de-personas-que-no-estaban-registradas>.

17. En una visita a los Estados Unidos, J. Milei dio una entrevista a *"The Free Press"*, donde se definió como "topo" dentro del Estado: "Amo ser el topo dentro del Estado, yo soy el que destruye al Estado desde adentro".

con las manifestaciones por el plebiscito de Chile en 2020, con la salida del interregno de Jeanine Áñez en Bolivia, en noviembre de ese año, y con la salida a las calles para rechazar la destitución del expresidente Pedro Castillo del Perú, en diciembre de 2022. Hubo incluso esas demandas progresistas en la Argentina, tímidamente expresadas en el tiempo de un gobierno –el de Alberto Fernández y Cristina Fernández de Kirchner–, que entendía siempre que cualquier expresión de este tipo era una especie de afrenta que debía decirse por lo bajo, para no debilitarlo más, y logró así una desafección masiva de sus bases y un internismo explícito. El COVID, además de un riesgo para la salud, se tornó –al menos en la Argentina y por focalizar en ella–, en una crisis democrática con características muy singulares respecto de otras conocidas y una puesta en primer plano, profundizadas, de las desigualdades de siempre, pero ahora celebradas, reforzadas y naturalizadas popularmente. Desigualdades que se tornaron un capital político para el libertarianismo. No hubo entonces sólo una oportunidad perdida, hubo también una crisis de autoridad que derivó en una crisis democrática, en una crisis integral, cuya salida es aún difícil de prever.

La polaridad entre libertad y cuidados de la pandemia significó, en aquellos lugares donde se dictaron cuarentenas extensas, la referencia de los cuidados con el Estado. En la Argentina, el Estado apareció como el único cuya intervención podía poner límite a la lógica sacrificial, al traer vacunas o intentar producirlas, al distribuirlas igualitariamente y sin costo, al sustentar económicamente a empresas para que pudieran pagar salarios, aun cuando su producción estaba paralizada. La literatura académica describió al Estado como "cuidador"[18] y "feminista", en el caso de Roque Farrán y Jacinta Gorriti,[19] "Estado de los cuidados" en el caso de Luciana Cadahía (2024) y Paula Biglieri, o incluso "materno", en el caso de Rita Segato.[20] El propio presidente Alberto

---

18. <https://www.lemondediplomatique.cl/estado-cuidador-por-roque-farran.html>.

19. <https://ri.conicet.gov.ar/handle/11336/162260>.

20. "Coronavirus: Todos somos mortales. Del significante vacío a la naturaleza abierta de la historia", en <https://lobosuelto.com/todos-somos-mortales-segato/>. También publicado en *El futuro después*

Fernández favorecía la interpretación, por su discurso y sus políticas favorables a la igualdad de género.[21]

El sentido de cuidados que aparecía entonces, sin embargo, poco tenía que ver con una mirada feminista del término: implicaba el repliegue al hogar, la salida en lo posible del espacio público, la (re)familiarización de los cuidados, la desinstitucionalización y una representación del cuidado que trazaba una jerarquía entre una figura activa y una pasiva y subrayaba la dependencia.[22] Que se entienda bien: la gestión gubernamental de la pandemia en la Argentina tuvo el coraje de anteponer la defensa de la vida a una lógica económica. La pregunta es por qué se le

---

del Covid-19 (libro de autoría colectiva, editado por la Presidencia de la Nación Argentina, disponible online).

21. Fernández tuvo claras políticas a favor de la igualdad de género, a la vez que se autodefinía como "el primer feminista". En 2024 fue denunciado por violencia de género por su expareja, Fabiola Yáñez. En el siguiente enlace puede verse su autodefinición en la presentación del "Plan de los 1000 días", para apoyar la gestación y la maternidad, en Tecnópolis: <https://www.youtube.com/watch?v=vLdGfCTK3Tc&t=9s>.

   El derrotero de Fernández hace pensar en dos puntos: por un lado, que asumir posiciones implica una deconstrucción de prácticas, hábitos, posiciones muy sedimentadas a lo largo de las vidas. El patriarcado es una estructura social que no se reduce a opciones voluntaristas, a querer o no querer ser feminista (y esto, más allá del género y ni que hablar de la biología). Por otro lado, hace ver al progresismo como un conjunto de obligaciones morales públicas, a los que sus líderes se deben acoplar, como si no hubiese historia y biografía, en una especie de deber ser que termina siendo una trampa política.

22. Karina Batthyány (2020) afirma que los cuidados aparecen como problema (y como palabra) hace relativamente poco dentro de los estudios feministas, para hablar de la especificidad de tareas dentro del ámbito doméstico, a las que antes se aludía con los términos de "trabajo reproductivo", "división sexual del trabajo" o "trabajo doméstico". Los cuidados, sin embargo, incluirían no sólo las tareas, sino la dimensión afectiva que esas tareas involucran. El alcance del término es demasiado laxo porque va desde la economía a la moral, pero su importancia es que logra poner en el centro del debate el lazo entre cuidados y vida y el desigual aporte de género a ese lazo. Ver también Fraser (2016: 11-133), Himmelweit (2018: 3046-49), y Federici, en Borderías, Carrasco y Torns (2011: 388-409).

llamó a eso "cuidados", y se le atribuyó características del cuidado supuestamente asociadas con lo femenino: la dependencia, el tutelaje, el repliegue al espacio privado, la domesticidad, la desinsitucionalización, la ineficiencia económica y la pérdida frente a un agravamiento de la situación social, política y económica cada vez más alevosa. El "Estado de los cuidados", así entendido, sólo languidecía frente a una realidad económica y social acuciante, que impactaba particularmente en mujeres, sobreendeudadas y precarizadas, y en el languidecer deslegitimaba otras formas de pensar los cuidados (y al Estado): no como vuelta a lo doméstico, no como dependencia y tutelaje, no como emocionalidad *soft* y aversión al conflicto, sino como búsqueda de mecanismos institucionales y públicos de acompañamiento de las vidas e igualación de oportunidades: infraestructura, empleos de calidad, subsidios al cuidado para des-maternalizarlos, des-mercantilizarlos y des-generizarlos. De la crisis radical de los cuidados que significó la pandemia no se salió pensándolos como derecho humano,[23] ni siquiera subrayando la (obvia) interdependencia para la reproducción de la vida,[24] sino como problema a resolver en privado, pagando (si se puede) y en silencio. Esto no significa que la crisis de cuidados se haya terminado, sólo que se la barre bajo la alfombra, junto con el trauma de la pandemia.

El "Estado de los cuidados", asociado al "Estado presente", hizo metonimia además con otros sentidos añejos en el imaginario popular respecto del Estado (la ineficiencia, la burocracia, la elefantiosidad, el amiguismo y la corrupción), de modo que la propuesta ya no de su reducción, sino lisa y llanamente de su destrucción, pasó a ser un escenario no sólo posible, sino deseable para una mayoría electoral postpandémica. En la Argentina, otra vez la saña fue particular con las políticas públicas igualadoras de género: al cierre inmediato del Ministerio de Mujeres, Géneros y Diversidad se le sumó el desmantelamiento o desfinanciamiento de programas para prevenir la violencia, el embarazo adolescente

---

23. Para una mirada de los cuidados como derecho humano, ver Pautassi, (2018: 717-742).

24. Para un manifiesto a favor del cuidado como interdependencia, en 2020, ver: *The Care Manifesto. The Politics of Interdependence.* New York/Londres, Verso.

o las enfermedades de transmisión sexual.[25] En la 79° Asamblea General de la ONU (en la primera que participó como presidente), Javier Milei tildó al "Pacto para el Futuro", firmado por 193 países en pos de promover la igualdad de género, de una agenda "socialista", a la que debía contraponerse "la agenda de la libertad". Entre libertad y género también se abrió un abismo: no es innovador, sino el mismo de siempre.

Fuente: < https://www.clarin.com/sociedad/incidentes-movilizacion-realizo-obelisco-reclamar-fin-cuarentena_0_o79uml1pY.html >.

Un mundo *contactless*

Las protestas anti-cuarentena, con todo, eran anacrónicas. Suponían una presencia de los cuerpos en el espacio público físico, que está en entredicho. Que está en entredicho tanto más luego de la pandemia. Como bien escriben Gabriela Rodríguez Rial y Sabrina Morán, que el espacio se desmaterialice y se erijan ágoras

---

25. Al respecto, se puede consultar el informe de la Asociación Civil por la Igualdad y la Justicia y el Equipo Latinoamericano de Justicia y Género (ELA) en <https://ela.org.ar/publicaciones-documentos/presupuesto-2025-una-distribucion-injusta-de-los-recursos-para-mujeres-ninas-y-adolescentes/>. El desfinanciamiento se profundiza en el presupuesto previsto para 2025.

virtuales altera radicalmente los códigos de la política y la representación.[26] En eso estamos. Para citarlas *in extenso*:

> ...el pensamiento político reconoce una tipología triádica de la libertad: la positiva o de los antiguos, asociada a la autonomía y el autogobierno; la negativa o de los modernos, definida como la ausencia de obstáculos o de interferencia y la republicana, que se conceptualiza como lo contrario a la dominación arbitraria. En todo caso, la libertad en cualquiera de estas representaciones requiere, por un lado, de espacios físicos donde poder desplegarse, y por el otro, de la distinción entre lo publico y lo privado, aunque cada tradición política le otorgue un valor diferencial a cada una de estas instancias. (2022: 13-40)

Esto es exactamente lo que está en vilo: que los espacios en que interactuamos sean mayormente físicos y que haya distinción entre lo público y lo privado. Esta puesta en "entredicho" de ambos pilares modernos, en este momento epocal, lleva a describirlo como un tiempo de *interregno*, de tránsito, de ruptura de paradigmas, de crisis, en fin, que afecta a la integralidad de la vida y, claro, a la política.

A la pérdida progresiva de la línea divisoria entre un espacio privado y uno público, que organizó la modernidad –tematizado por Richard Sennett, Hannah Arendt y objetado por otras razones por los feminismos–, la pandemia le sumó una disociación radical entre el cuerpo y la presencia. Para estar presente ya no se precisa estar de cuerpo presente en un lugar, sino mediatizar esa presencia a través de una virtualidad que erige un mundo cada vez de menor contacto. Un mundo *contactless*. Un mundo en el que el contacto, las superficies y el aire compartidos resultaron una amenaza a nivel global. Un mundo que reaccionó ante esa amenaza tomando como legado pandémico el distanciamiento, el rechazo del tacto y el vaciamiento de espacios públicos. Se puede así retomar la pregunta de J. Butler: ¿qué mundo es este en el que el tacto, los sentidos y la co-presencia en un espacio físico son evitados? ¿Qué experiencias del cuerpo supone ese mundo?

---

26. Al respecto, ver Ludueña Romandini (2019: 1-12).

¿Cómo experimentan la libertad los cuerpos de este mundo? ¿Cómo hacerse un cuerpo en un mundo así?

CAPÍTULO II

Libertad y deuda.
La batalla por el Estado[27]

La deuda está en el corazón de la vida contemporánea. Ya sea en la forma de deudas públicas soberanas (y de su crisis), ya sea en la forma de endeudamiento privado masivo de individuos y familias, la deuda dejó de ser un apremio excepcional que se transita, para pasar a ser una *modalidad de existencia*: se existe endeudado/a.

No obstante hay diferencias obvias en esta vivencia de la deuda entre habitar un país central o uno periférico; hay en ellos una convergencia de diagnósticos: desde los años '70 en adelante se asiste a un desmantelamiento a escala global del Estado social, a la implantación también global de políticas neoliberales de austeridad y a un desplazamiento en la modalidad de acumulación, que se visualiza en la hegemonía de la renta financiera. Esta hegemonía cambió radicalmente la relación central que estructuró nuestras sociedades y sus formas de interpretación: ya no estamos ante el protagonismo de la relación capitalista/trabajador, sino de la relación acreedor/deudor.

La centralidad de la relación acreedor/deudor –en detrimento de la relación capital/trabajo– habla, por un lado, de la penetración capilar de las finanzas en las esferas de la vida. No puede

27. Parte de este texto se presentó en el XVI Congreso Nacional y IX Internacional sobre Democracia de Rosario, Argentina, en noviembre de 2024.

decirse más que las finanzas sean ese club selecto de *traders* o de especuladores de bolsa, meros parásitos de la "economía real", sino aquel sector en el que invierte cualquier asalariado o cuentapropista desde un teléfono celular, para tratar de llegar a fin de mes –por no ahondar en la proliferación de juegos de apuestas dirigidas, sobre todo, a jóvenes que están por fuera del mercado laboral–.

Por otro lado, el protagonismo de la relación acreedor/deudor habla del eclipse de la producción como concepto central de la economía y de la caída y de la fragmentación de la clase obrera como clase política, aun cuando se trate de la mayoría numérica de la población. La clase obrera, inmersa como está en relaciones disímiles de empleo, subempleo, precarización, cuentapropismo e intermitencia laboral, carece de experiencias compartidas a través del trabajo: quizá las tenga a través de la deuda, pero la deuda es asumida como problema personal y no como dilema colectivo. Al respecto dice M. Lazzarato:

> ...la relación acreedor/deudor introduce una fuerte disconti-
> nuidad en la historia del capitalismo. Por primera vez desde
> que existe, no es la relación capital/trabajo la que está en
> el centro de la vida económica, social y política. (2015: 14)[28]

En la contemporaneidad, estar en deuda no es una situación contingente, transitoria, con duración definida y puntual en el tiempo. Ni siquiera es que se tiene un acreedor, identificable con nombre propio, sino una miríada de ellos, anónimos e impersonales, meras marcas o logos, que aparecen como facilitadores, antes que como odiosos prestamistas: son bancos, billeteras virtuales, financieras y comercios que intermedian en el consumo o permiten completar ingresos a través de créditos y préstamos de diverso monto. Por eso, no se trata de *una* deuda, en singular, sino de una modalidad de existencia, de un vivir endeudado, que depende de una lógica. Esta lógica impone una especie de *continuo del existir bajo la deuda*, esto es, una *percepción subjetiva del tiempo*, que tiene momentos de distinta intensidad: relativo alivio, relativa agudización.

---

28. Ver también Balibar (2013).

Deuda sin fin

La lógica contemporánea de la deuda –como bien leyó Walter Benjamin en su texto sobre la analogía de forma entre el capitalismo y el cristianismo–, es la de la deuda *sin expiación posible*; la deuda sin fin.[29] La deuda no puede pagarse en su totalidad, no pueden cancelarse todas ellas, sino renegociarse, bajo nuevas condiciones –la prioritaria: quedar en condiciones de adquirir una nueva deuda–. Para Benjamin, a la producción de culpa incesante del cristianismo, el capitalismo coloca, como forma mimética, la producción incesante de deuda, y ambas producen una subjetividad, una modalidad de existencia: la de quien vive pagando, sin posibilidad de ruptura absoluta del encadenamiento.

Quien vive pagando desarrolla una ansiedad sobre el futuro, con momentos de excitación y de frustración que se dan en círculo vicioso. Cada quien –incluso quienes todavía no ingresaron al mercado de trabajo– interioriza comportamientos propios de una organización empresarial de sí: gestiona ingresos y egresos, está atento a posibilidades de compra-venta y a descuentos, a fechas y planificaciones. Se asume así una gestión cotidiana y hasta continua e instantánea de ingresos y egresos en los que, en general, no circula moneda en papel, sino transferencias de asientos contables virtuales.

La deuda no se vive entonces siempre como asfixia, sino como una inversión de sí, una gestión estratégica en la que se siente la

---

29. Benjamin (en Tiedemann y Schweppenhäuser, 1985: 100 y ss). Ver al respecto Ludueña Romandini, 2010. La relectura constante del texto de Benjamin que afirma la religiosidad del capitalismo pone en primer plano la estructura sostenida en la fe del lazo económico. La fe, la *fide*, la confianza, en términos de John Locke, parece ser la clave que aceita los intercambios. Sin embargo, la contemporaneidad parece imponer también la *performance de la fe*, como si se supiera que la cadena de deuda en la que se está inserto está sostenida en bases frágiles. Algo así aparece en las "estafas piramidales": la puesta en escena de una relación de confianza que se sabe se quebrará, pero cuyo provecho depende del tiempo de oportunidad en que se inscriba quien se encadena. La proliferación de "estafas piramidales" –y su lógica de apuesta, riesgo, fugacidad y cortoplacismo– en el presente argentino es toda una descripción de la economía del país.

satisfacción fugaz de haber logrado un pago o realizado un consumo beneficioso. Esa satisfacción, multiplicada varias veces en el tiempo, produce en quieén toma deudas y las renueva incesantemente, la sensación de tener un relativo control, la sensación de tener algún poder. La deuda se vive, en otras palabras, no como una completa sujeción, sino como un conjunto de estrategias en la que se puede ganar y perder, de acuerdo con una supuesta astucia del sujeto, que siempre debe esforzarse un poco más, si quiere mejorar su situación futura.

Se concibe también como la posibilidad de acceder a consumos o a placeres inmediatos, cuya duración se extiende –y deforma– por la extensión de su pago en cuotas. Por eso, la deuda, en plural diversificado, se vive con ansiedad del futuro inmediato, a la vez que el mediato se desdibuja. Porque, como bien afirma Ariel Wilkis (2024), es distinta la deuda por hipoteca que la bicicleta diaria en pos de llegar a fin de mes.

La existencia-en-deuda contemporánea, en su doble sentido de existir bajo la deuda y dejar en deuda el existir, implica la afirmación de un cortísimo presente, de un presente agujereado, sojuzgado, que obliga a la instantaneidad, a la estrategia de corto plazo y a la fugacidad en las decisiones. Gestionar las deudas es, en algún sentido, otra forma de trabajo, con otra forma de valorización. Una que implica la desvalorización del cuerpo endeudado, a la vez que su atadura en tanto desvalorizado. Implica su erosión y la captura de su tiempo en una estrategia incesante de la cotidianeidad. Dice al respecto Lazaratto:

> ...la cuestión del tiempo y la duración es el meollo de la deuda. No se trata solo del tiempo de trabajo o del tiempo de la vida, sino también del tiempo como posibilidad, como porvenir. La deuda tiende un puente entre el presente y el futuro: anticipa y ejerce un derecho de retracto sobre el porvenir. (2015: 69).

La lógica de la deuda es *sin fin*, en el sentido de indeterminada en el tiempo. Pero también es *sin finalidad*, como agregará E. Stimilli (2024), en una relectura de Kant.[30] La deuda impone su autoduplicación constante, sin objeto: se trata de producir deuda

---

30. Ver también Stimilli (2011) y (2020).

por la deuda misma. La lógica de la deuda sin fin hace pensar en la deuda como una actividad con autoreferencial, sin objeto, sin término temporal. Este es su núcleo último de verdad, o, como dirá Stimilli, su absurdo. Es decir, la lógica contemporánea es la de la antiproducción, es la de la reproducción de lo mismo. Se trata de producir deuda como la modalidad del lazo de *obligación*: entre política y económica. La deuda, por tanto, deja de ser un problema económico, desde el momento en que la economía, en la contemporaneidad, se transforma en la modalidad imperante de *gobierno*.

En tanto lazo político/económico, la deuda dejó de ser aquella facilidad a la que podían acceder quienes mostraban cierta solvencia de ingresos o empleos fijos y, por ello, recibían a cambio tarjetas de crédito.[31] Con la masividad de las billeteras virtuales, la deuda está a disposición de cada teléfono personal y *se desacopla* del nivel de ingresos demostrable y del tipo de relación laboral. Así como las tarjetas de crédito introducen a quien las acepta en una estructura de deuda permanente, que no depende de su solicitud sino de su mera aceptación, de su mera tenencia, las billeteras virtuales extienden esta posibilidad al conjunto de la población, sin relación con los ingresos demostrables por determinado monto o la posesión de empleos fijos. Se rompe así el vínculo entre trabajo e ingreso, entre trabajo y consumo. Se rompe también la relación entre oferta crediticia y responsabilidad –algo que se vio con creces en la crisis del mercado inmobiliario de las *subprime*–.

Pero esto no significa democratización del crédito, como suele endulzárselo, porque no hay aquí igualdad ninguna: quienes son

---

31. Escribe Aldo J. Haesler en *Sociologie de l'argent et postmodernité*: "En tanto que el crédito al consumo se otorgaba en función de un pedido explícito, el sistema de tarjetas lo automatiza; aquí la inversión de la iniciativa es ejemplar: en el caso de las tarjetas, la relación de crédito ya está establecida desde siempre; sólo queda entonces utilizar la tarjeta para instaurarla (...). Ya no somos solicitantes de créditos, sino aceptadores de tarjetas. El sistema de pago mediante tarjetas de crédito instala así una estructura de deuda permanente" (citado por Lazzarato, 2015: 71). Lo superfluo de la solicitud del crédito, porque lo que prima es la mera inmersión en el lazo (porque ni siquiera es oferta) es lo que quiero subrayar aquí.

más pobres y reciben ingresos más informales (en general, mujeres) acceden a créditos a niveles de usura.[32] Lo que significa es que la deuda es el lazo imperante político/económico de sujeción y de ahí la necesidad de su extensión masiva, en un contexto de incertidumbre económica extrema. La extensión de las deudas, por un lado, *desquicia el orden social*: hay trabajadores que son pobres, en general de ciertas edades, de cara a generaciones más jóvenes con un mejor pasar con experiencias intermitentes en el mercado laboral y con consumos también dependientes de factores azarosos. Entre ellos hay un mundo de experiencias disímiles, de socializaciones diferentes, a no ser por la común captura en cadenas de deuda constante. Por el otro lado, la extensión de las deudas *reafirma la desigualdad y su sexismo*.

La centralidad de la relación acreedor/deudor da la falsa impresión de la existencia de una intersubjetividad, de una relación amo/esclavo, de un cara a cara, pero en realidad se trata, como dijimos, de la captura de la vida en una miríada de deudas que se renuevan constantemente, con acreedores repetidos que aparecen como facilitadores. Estos acreedores son en general privados, muchas veces anónimos o no inmediatamente públicos (marcas o logos) y asumen funciones que, antes de su desmantelamiento, realizaba el Estado social: proveen créditos para pagar salud, educación, entretenimiento, para llegar a fin de mes, para costear la vida en la vejez, para afrontar el desempleo o la fortuna. Hay, por lo tanto, cierto *acoplamiento entre deuda y vida*. Y una *responsabilización* del individuo por esa vida, que deja de ser una cuestión social. Por eso, la deuda se mezcla con la inversión de sí, con la gestión de la propia vida y descarga sobre el individuo externalidades que antes hubieran sido problemas

---

32. Los feminismos argentinos enfocaron en estos años en la deuda como modo central de sujeción. El colectivo *Ni Una Menos*, por ejemplo, puso como lema del activismo callejero: "Vivas, libres y desendeudadas nos queremos". Para una lectura al respecto, ver Cavallero y Gago (2019). Ver también Gago, Cavallero y Federici (2021). Para un análisis crítico de las políticas de "inclusión financiera" como respuesta a problemas sociales, ver los artículos, de Gago, Cavallero y Perosino (2021) y (2024).

que debían resolverse socialmente: desde el accidente laboral al desempleo, desde la enfermedad a la educación.

Esta implantación de la deuda como captura de la vida, como consustancial a ella e identificada con su duración, como extractivismo social continuo, instituye un lazo político que, para su reinado, precisa, por un lado, mostrarse como pura racionalidad económica, con la fuerza de la evidencia de "los números". Y, por el otro, precisa reducir o eliminar los nichos de seguridad y sus temporalidades distintas a la inmediatez y la ansiedad por el futuro de corto plazo: por eso, el *salario* formal –y los asalariados– son un *blanco de ataque*. Se trata de generar servicios y prestaciones *"mínimas"* –un salario mínimo, un ingreso mínimo, servicios mínimos de educación y de salud, jubilaciones y pensiones mínimas– de modo que el individuo –aun el asalariado formal–, deba salir a competir al mercado para complementar su ingreso[33]. Se da así el fenómeno de la masividad de trabajadores pobres, de trabajadores que multiplican sus lugares de servicio o complementan empleo y emprendurismo. En otras palabras, en la contemporaneidad, el trabajo es siempre sobretrabajo, con salarios incluso formales por debajo de la línea de la pobreza, para obligar al multiempleo o a la diversidad de fuentes de ingreso. Para la gubernamentalidad contemporánea, se trata de quebrar la relación salarial –y su representación corporativa/sindical–, como "resistencia residual" a la neoliberalización. Escribe Lazzarato:

> En treinta años de financiarización, el salario, variable independiente del sistema, se transformó en variable de ajuste (siempre en baja, mientras que la flexibilidad y el tiempo de trabajo están siempre en alta). (2015: 14)

---

33. Dos ejemplos de la Argentina. El primero: en el año 2024, según informa el diario *La voz* de la provincia de Córdoba en su edición *online* del 23 de diciembre, se incrementó fuertemente la solicitud de personas mayores, jubiladas, para ser cuidacoches ("naranjitas" se les llama en la provincia), como una estrategia para complementar ingresos. El segundo: entre octubre de 2023 y octubre de 2024 se incrementó en un 47% la cantidad de conductores de una app informal china Didi, según informa ese mismo día el *elDiarioAr*, en su edición *online*.

Por eso, se trata, al decir del autor italiano, ya no de una financiarización –en el sentido de una vertiente específica de valorización de capital–, sino de la implantación, a escala global, de una *economía de la deuda*, que produce, cual fábrica, países, hombres y mujeres (e infancias) endeudades, con ostensibles diferencias de geopolítica y de género.[34] Se trata de la implantación del *extractivismo*, en la corporalidad.

Deuda y consenso

La deuda contemporánea, masiva y popular como es, no supone un acuerdo entre deudor y acreedor –como parece suponer, dado la forma del contrato que asume–, sino que implica una relación de poder y, más específicamente, de *sumisión*, que tiene la particularidad además de ser continua en el tiempo, dado la lógica en que se inserta.

Elettra Stimilli vuelve a la figura romana del *addictio*, presente en las XII Tablas de la Ley, para pensar la deuda contemporánea (2020: 71 y ss.). Por la *addictio*, si el deudor no devolvía la suma adeudada, el acreedor podía atarlo, llevárselo y reducirlo a esclavitud. Pero –y esto es lo importante–, el deudor no perdía por eso su ciudadanía romana, su libertad política. Así, en las XII Tablas, emerge la figura de una condición humana que es, al mismo tiempo, esclava y libre. Para Stimilli, esa figura ambigua está muy cerca de la actual situación de endeudamiento: seguiríamos *siendo libres, pero el hecho de estar continuamente endeudados nos pone en una condición no tan alejada de la esclavitud.*

---

34. El Primer Informe sobre Endeudamientos, Géneros y Cuidados en la Argentina 2023, elaborado por el equipo de trabajo de la Comisión Económica para América Latina y el Caribe (CEPAL) y el Ministerio de Economía de la Nación del gobierno de A. Fernández (el informe se discontinuó en 2024) arrojó que en el país el 70% de los hogares de menores ingresos recurren a financiamiento para llegar a fin de mes y el porcentaje se eleva mucho en los hogares con mujeres a cargo, que además tienen en general trabajos informales. Siete de cada diez hogares que se endeudan, lo hacen para comprar comida. La deuda no es democratización del crédito, sino generización e infantilización de la pobreza. Disponible *online*.

LIBERTAD Y CUERPO

No obstante, es difícil pensar la división entre una esfera política y una económica, una en la cual se conservaría la libertad política y otra en la cual se estaría esclavizado/a por deudas. Como dijimos, la gubernamentalidad contemporánea es político/económica. Lo *inédito* de la situación contemporánea es que la lógica de la deuda sin fin hace desbordar la relación deudor/acreedor y la impone, trasladada, a las demás relaciones sociales. La relación deudor/acreedor se impone como el *prototipo* de la relación social contemporánea, solo que diluye notablemente la identificación de los acreedores respecto de la masa de deudores. Ahora bien, en tanto prototipo, la relación deudor/acreedor pone a la política –particularmente a la política democrática– en crisis: el lazo contemporáneo prototípico no es el de la igualdad de los contratantes, ni siquiera el de la desigualdad entre quien oferta y quien demanda, sino el de la *producción incesante de sumisión y la inconsciencia respecto de su politicidad*. Al hablar de la extensión de la deuda como lazo social predominante, lo que decimos es que no se trata de relaciones de igualdad/desigualdad, sino de poder y de sumisión naturalizadas, que se toman con la fuerza de una evidencia económica incontestable e irrefrenable. Pone también a la política democrática en crisis porque en ciertos países –la Argentina, por ejemplo– el mecanismo de contraer deuda pública para pagar intereses de esa misma deuda termina delegando el gobierno en organismos internacionales.

La masa de deudores –la población– es sometida a un constante flujo de compensaciones y sufrimientos, dadas las múltiples y diversas deudas que se pagan, se readeudan, se recontraen, se aplazan. En *La moneda viviente*, P. Klossowski retraduce esto en términos de corporalidad, en el efecto que tienen los flujos económicos en el cuerpo. La unidad orgánica, dice, sería efecto del manejo relativo de esos flujos (2003: 31). Es decir, la deuda deja en el deudor un saldo, un saldo que hace o bien a su unidad orgánica, o bien a su desintegración. El deudor se hace de un cuerpo que está constantemente sometido a la extracción y lo rehace, cuando puede, en medio de la indistinción entre tiempo de trabajo y tiempo de vida, en medio del cansancio y de los imperativos de buena salud, que también son su responsabilidad. Algo de esto remite a la solicitud de la célebre "libra de carne", de *El mercader de Venecia*, de Shakespeare. Solo que hoy no hay solicitud formal de devolución por parte del prestamista, sino la libre puesta a disposición del cuerpo por parte del deudor para el extractivismo, al anudar el cuerpo a la red de deudas que sostienen el poder hacer diario.

Stimilli puntualiza que no debe leerse aquí un sacrificio (2011: 13 y ss.).[35] Tomar deudas, múltiples, con variados acreedores, como modalidad privilegiada de existencia, no es un acto voluntario –por más que así aparezca–, ni es el contrato entre el libre ofertante y el libre demandante –porque no hay solicitud, sino inmersión corporal en el extractivismo–. Pero no habría sacrificio, decimos, porque tomar deudas no aparece como lo contrario de la libertad, sino como una actividad inscripta en el mandato contemporáneo del goce, en el discurso capitalista. Sería, antes que un sacrificio, una versión de la inversión gozosa sobre sí y, por tanto, un acto que conserva alguna contigüidad con la libertad, en su acepción de oportunidad abierta para elegir sin interferencia externa.[36] Solo que el elegir se reduce a opciones de consumo. Ahí es cuando, sin embargo, aparece la necesidad de pensar qué deudas se toman y para qué: en otras palabras, quién cuotifica qué. Resulta difícil pensar la cuotificación de la compra de alimentos como una inversión sobre sí, aun cuando se

---

35. Para enmarcar el contraste con el sacrificio, ver Mauss y Hubert (2019) y el clásico de Girard (2012).

36. Para John Rawls, Isaiah Berlin define la cuestión central de libertad con la pregunta: "¿cuál es el área dentro del cual el sujeto –una persona o grupo de personas– está habilitado o debería estarlo para hacer o ser lo que puede hacer o ser, sin interferencia de otras personas?". La libertad, entendida así como negativa (esto es, como un campo de no interferencia externa), se define no tanto por el ejercicio efectivo, no tanto por la acción en sí, sino por la oportunidad abierta para actuar. O, como dice Berlin, la libertad se define por la oportunidad de hacer elecciones, más que por la elección misma que se haga. La libertad se determina por "el número de puertas abiertas", dice, más que por las puertas que efectivamente se crucen o por el hecho mismo de cruzar alguna. Esta relación entre oportunidad y libertad, entre oportunidad de elección y libertad es central para su adopción por mecanismos de mercado. Al respecto ver Berlin (1988) y Rawls (1995). Para una crítica, ver Hirschmann Hirschmann (2003) y Taylor (en Ryan, 1979).

presente bajo la apariencia de la conveniencia y la oportunidad, y aun cuando se presente como un privilegio, dada la pobreza creciente. Resulta también impactante pensar cómo se reinscriben en la contemporaneidad prácticas antiguas de servilismo, que se suponía superadas: la delegación del salario a billeteras virtuales y la cuotificación de compras al interior de esa mismísima plataforma de ventas hace pensar en la reedición del sistema feudal de tributos y pagas. Por eso, antes que sacrificio, se trata de la *inclusión consensuada en un circuito endogámico* en el que se invierte, se compra y se vende; en el que se es inversor-deudor-comprador-vendedor al mismo tiempo.

Libertad y *dominium*

La relectura de la deuda desde las humanidades, dada su centralidad contemporánea, hace revisar críticamente a qué hemos llamado libertad. En su libro *En deuda: una historia alternativa de la economía*, D. Graeber (2012) vuelve a este punto. El autor muestra cómo se han dado cambios drásticos en la palabra latina *libertas*, que progresivamente fue mezclándose con el *dominio*, que describía sobre todo la habilitación que tenía el amo de hacer lo que quería respecto del esclavo, su propiedad. La libertad, tal como hoy la entendemos, conserva el sedimento de esa relación romana antigua entre amo y esclavo. Aparece como la facultad de dominio sobre una cosa; algo del orden del tener, controlar y disponer sin límite. Escribe Graeber:

> El efecto más insidioso de la esclavitud romana, sin embargo, es que a través del derecho romano ha causado desastres en nuestra concepción de libertad. El significado de la palabra latina *libertas* cambió radicalmente con el paso del tiempo. Como en todas partes en la Antigüedad, ser «libre» significaba no ser un esclavo. Dado que la esclavitud significa, por encima de todo, la destrucción de los lazos sociales y de toda posibilidad de establecerlos, libertad significaba la capacidad de crear y mantener compromisos morales con otras personas. La palabra inglesa *free* ("libre"), por ejemplo, deriva de una raíz germánica que significa "amigo" (*friend*,

en inglés) puesto que ser libre implicaba ser capaz de hacer amigos, mantener promesas, vivir dentro de una comunidad de iguales. Es por ello por lo que los esclavos libertos se convertían, en Roma, en ciudadanos: ser libres, por definición, significa encajarse en una comunidad cívica, con todos los derechos y responsabilidades que esto comportaba. Sin embargo, hacia el siglo II esto había comenzado a cambiar. Gradualmente los juristas redefinieron el significado de *libertas* hasta que resultó prácticamente indistinguible del poder del amo. Era el derecho a hacer absolutamente cualquier cosa. (2012: cap. 7, ap. "La antigua Roma (propiedad y libertad)").

El cambio de la palabra *libertas* –desde su filiación etimológica con la palabra "amigo" a su identificación con el dominio del amo sobre lo suyo– trastoca el concepto y su práctica, hasta tornar a la libertad un poder. La libertad era el poder del amo sobre sus personas y cosas, una libertad/poder que también ejercía en lo doméstico sobre mujeres, siervos, esclavos, niños y niñas. La libertad se entremezcló con el *dominium*, una palabra que también fue modificándose pero que en el medievalismo se asociaba a poder político, a señorío, a jurisdicción, a disponer absolutamente de una propiedad privada. La libertad oscilaba entonces entre ser una *facultad natural*, atribuible a la humanidad como especie, previa a la institución política, y a la vez ser un *dominium*, un poder que se ejercía sobre cosas y personas en un ámbito. Pero incluso como facultad natural conservó siempre esa estela de relacionarse y a la vez diferenciarse de la esclavitud, su contrapartida necesaria. Así aparece en el *Digesto*, en un mismo párrafo en el que se define a la libertad como natural y a la esclavitud como política:

> Libertad es la facultad natural para hacer lo que uno desea, siempre que no esté penado por la fuerza o la ley. La esclavitud es una institución de acuerdo al derecho de las naciones por la que una persona acaba dentro de los derechos de propiedad (*dominium*) de otra, de manera contraria a naturaleza. (*ibid.*).

Sin embargo, en tanto la libertad es algo que se tiene, un poder entremezclado con el dominio, ese haber puede enajenarse voluntariamente. Graeber vuelve a Richard Tuck, el gran historiador del derecho natural, para dar cuenta de cómo la libertad aparece en las teorías de la primera modernidad en los círculos conservadores y, sobre todo, en los textos que circulan en ciudades esclavistas, como Lisboa o Amberes. La libertad –en la forma de derechos o libertades que se tienen– es impulsada por los teóricos del derecho natural conservadores para mostrar la legitimidad de la servidumbre o de la esclavitud voluntaria. Si somos dueños naturales de derecho o de libertades, podemos legítimamente venderlos, enajenarlos o ponerlos a disposición de otro. Dice Graeber:

> Como Richard Tuck, principal historiador de estas ideas, ha subrayado desde hace tiempo, una de las grandes ironías de la historia es que se trata de un *corpus* teórico defendido no por los progresistas de la época, sino por los conservadores. Para un gersoniano, la libertad es una propiedad y se la puede intercambiar de la misma manera y en los mismos términos que cualquier otra propiedad vendida, intercambiada, en préstamo, o cedida voluntariamente de cualquier otra manera. De ello se desprendía que no podía haber nada intrínsecamente perverso en, digamos, la servidumbre por deudas, o incluso la esclavitud. Y esto es exactamente lo que afirmaban los defensores del derecho natural... Lo importante era que no había nada inherentemente antinatural o ilegítimo en la idea de que la libertad se podía vender. (*ibid.*).[37]

Soberano y deudor

Roberto Esposito escribe que la civilización occidental se basa en la distinción entre personas y cosas. Así lo atestiguaría el Derecho romano, desde el primer libro de las *Instituciones* de Gayo, que se ocupa o bien de personas, o de cosas, o de acciones. Persona y cosa son términos que se remiten mutuamente: la persona se define como quien posee cosas; la cosa como algo que alguien tiene, más allá de qué sea. Es decir, en Occidente la propiedad es el aspecto que prevalece sobre la identidad. Esposito

---

37. Jean Gerson fue rector de la Universidad de París hacia 1400 y un elaborador de las concepciones de derecho y libertad modernas.

vuelve a Elías Canetti para decir que una de las características distintivas de la especie humana es tener mano, y esto le permite sellar promesas, crear artefactos o apropiarse de lo que está al alcance. "Estar a mano" implica estar disponible, estar bajo control de alguien, pero también –un sentido que no aparece en el texto de Esposito– quedar en paridad con alguien, saldar una deuda.

El Derecho romano, que es la marca persistente de la cosmovisión occidental, es un derecho de apropiación. Esto es, un derecho fundado para la guerra y la conquista, en el que, por ejemplo, no existe el delito de robo: todo lo que es capturado es propio (sean mujeres y/o botines en saqueos y pillajes de guerra). Es un derecho más de la apropiación (más del pillaje, del saqueo y la ocupación), que de la herencia. El *ius* se piensa como garantía de la apropiación ya dada.

En este marco, la posesión de las cosas separa entre ganadores y perdedores (primero, en el caso de guerra, pero también después y por fuera de ella): establece que quienes tienen más cosas pueden ejercer dominio sobre los que tienen menos. En otras palabras, la "propiedad sobre las cosas funda la propiedad sobre las personas" (Esposito, 2017: 40). La *summa divisio* en la Roma de Gayo divide entre personas (en su acepción de propietarios) y cosas (lo poseído). Ahora bien, el estatuto de cosas también incluye humanos que pueden ser asimilados a las cosas: son los esclavos –*res corporales*, considerados *instrumentum vocale* o herramienta parlante–, las esposas, los hijos, los siervos y también los deudores. Estos ocupan "un ámbito muy cercano al de cosa" (*ibid.*: 41).

Ahora bien, la diferencia del Derecho romano respecto de su sedimento contemporáneo, respecto de nuestra cosmovisión presente, afirma Esposito, es que la base de ese derecho era el *tránsito* continuo entre personas y cosas: el deudor que podía salir de la deuda, el infante crecía y se tornaba adulto, el esclavo podía emanciparse. Más difícil era el caso de las mujeres, condenadas por la biología a la tutela.[38] Esto es, entre personas y

---

38. La esclavitud fue el paradigma de lectura para la situación de las mujeres, hasta por lo menos bien entrado el siglo XIX. En 1869, J. Stuart Mill publicó *La servidumbre de las mujeres*, un libro donde las describe como esclavas en la institución matrimonial, y a sus esposos

cosas no había una separación tajante, sino que remitían a una situación que podía revertirse. El canal por el que una persona era trasladada al estatus de cosa era el cuerpo: el cuerpo es lo que personalizaba o reificaba, ya sea por trabajo, por placer o por dominación. Escribe Esposito: "Nadie en Roma era considerado persona toda su vida" (2017: 43), sino que, por algún tiempo, se esperaba incluso que cambie de condición.

La persona no era un individuo, sino un *estatus jurídico* variable. Por eso, los romanos decían que "tenían una persona", algo que se podía perder, equivalente a un papel en la vida. La persona, como una máscara teatral, podía ponerse o quitarse e incluso per-

---

como "verdugos", "amos", "tiranos" y "carceleros". Esto ubicaba a las mujeres como objetos de un poder despótico. Pero la singularidad era que este poder estaba sancionado y resguardado por leyes, y era la continuidad del derecho de la fuerza, que las sociedades modernas creían que había quedado en el pasado, con el contractualismo. Las mujeres estaban sometidas por el derecho del más fuerte, un sometimiento que para Stuart Mill que se tornó legal y socialmente aceptado. Las esclavas estaban bajo el poder arbitrario de otro, que ya no necesariamente les impartía la muerte (aunque también puede hacerlo, en la forma del feminicidio), sino que les modulaba la vida, para constituir por medio de la educación de los sentimientos, una subjetividad dominada. El poder masculino, entonces, no era presentado por Stuart Mill como estrictamente interpersonal –y esto es uno de los puntos más interesantes de su obra– sino que estaba sostenido por un aparato judicial, legal y moral, que conforma una subjetividad femenina dominada, una subjetividad que interiorizó al amo y que por eso, cree Stuart Mill, será difícil que se rebele. La situación de las mujeres era, por tanto, incluso peor que la de los esclavos de Locke (para quien esclavo era un capturado en guerra), porque aquí la guerra estaba velada, jurídicamente convalidada y era consentida por una subjetividad femenina educada para agradar y para estar a disposición de otros. Algo de esto se encontraba ya en la *Vindicación de los derechos de la mujer*, de Mary Wollstonecraft, de 1792. La esclavitud moderna femenina, además, no era excepcional, sino masiva, y el poder que se les daba a sus tiranos era tan extenso y estaba tan capilarmente aceptado, que pasaba por una costumbre, por un hábito, por una experiencia revalidada en una supuesta naturaleza desigual de los sexos. La esclavitud femenina moderna era el relegamiento de hecho y de derecho de la mitad de la raza humana, sostenía Stuart Mill. Al respecto ver mi prólogo en la edición de Losada, 2022.

derse totalmente, en tanto era separable del sujeto. La persona era centralmente un estatus jurídico dependiente de la práctica de apropiación, de la propiedad: cuantas más cosas o personas-cosas podía poner alguien bajo su dominio, más sólidamente era una persona.

La suma división romana entre hombres libres y esclavos se enmarcaba así en la división jurídica entre personas y cosas, habiendo entre ellas un tránsito continuo. Las cosas y los esclavos, esposas, hijos o deudores eran figuras jurídicamente dependientes o *alienus juris*. No eran autónomos ni independientes porque no estaban en dominio de sí mismos sino de otro, que concentraba sobre sí los atributos de persona, *sui juris*, propietario y libre. Esta metonimia que sobre todo liga a la persona con la propiedad de cosas y resume allí a una forma de la libertad, en tanto dominio, permaneció hasta su crítica explícita por Hegel, en el siglo XIX. Para Hegel, el paradigma de la persona no puede ser la forma más acabada de la libertad: las personas que se relacionan entre sí como poseedores de cosas se instrumentalizan. O como escribirá en *Fenomenología del espíritu*: "designar a un individuo como 'persona' es una expresión de desprecio" (cit. en Esposito, 2017: 53).

Conforme la libertad se asoció desde la antigüedad con el dominio, alejándose así de la acepción de estar entre amigos, una forma de ejercicio de la libertad/dominio era sobre el cuerpo. Como vimos, el cuerpo era, según Esposito, el canal a través del cual la persona era transformada en cosa: devenir cosa era tener el cuerpo a disposición de otro. Esto resultaba particularmente evidente en el caso de los deudores. Escribe:

> Tomemos el caso del dominio completo, sin restricción, ejercido por un acreedor sobre un deudor insolvente, quien en posesión del acreedor era reducido a una cosa tanto en vida como tras la muerte, hasta el punto incluso de que su cadáver podía ser denegado a sus familiares y quedar así insepulto. De esta forma, la suma adeudada era reemplazada por el cuerpo del deudor, que se convertía en objeto de todo tipo de insultos o brutalidades que el acreedor decidiera propinarle. (2017: 41).

LIBERTAD Y CUERPO

Si ser deudor era no ser dueño del cuerpo (como bien escribe Esposito, el cuerpo era –¿es?– el punto ciego del derecho, en general tematizado como algo que se atribuye a la persona), el cuerpo aparecía como aquello que podía ser intercambiable por el monto adeudado o bien representar la materia sobre la cual se podía escupir, insultar o lastimar a quien ya no estaba en condiciones de pagar. Se produce así una temprana posibilidad de intercambio, que relaciona a la deuda con el cuerpo, que puede ser puesto a disposición del acreedor, de la persona, del libre. La relación entre acreedor y deudor no es entonces una relación de paridad, sino de sumisión y hasta de despojo, cuya principal plasmación es el cuerpo. La deuda funda una obligación en la que una de las partes queda sometida a otra. O como escribe Nietzsche en *Genealogía de la moral*, una obligación que tuvo

> ...su origen en la más antigua y originaria relación personal que existe, en la relación entre compradores y vendedores, acreedores y deudores: fue aquí donde por primera vez se enfrentó la persona a la persona, fue aquí donde por primera vez las personas se midieron entre sí. (1998: 80).

Si los deudores no son dueños de su cuerpo –tampoco de su cadáver–, el libre aparece como aquel que interiorizó en sí la relación persona-cosa: aquel que es soberano sobre sí, el que controla el cuerpo/cosa, su propiedad. Entre ser soberano y ser deudor se abre un hiato: mientras que se tenga deuda, no se es soberano, sino que se está a disposición de otro, que dictamina en caso extremo sobre su cuerpo. Ser soberano es no tener deudas.

Ahora bien, Esposito (2017: 117) vuelve a Q. Skinner para puntualizar que el caso de los Estados introduce una disparidad: los Estados, en tanto personas ficticias, pueden contraer deudas que no podrían tomar generaciones enteras de ciudadanos, porque la vida del Estado no se limita a una vida biológica.[39] Se abre así al concepto paradójico y contradictorio de "deuda soberana": la deuda eterna que un Estado debiera pagar y que atenta justamente contra su soberanía.

---

39. Ver también Skinner (2013).

La batalla por el Estado

Una de las justificaciones históricas más repetidas del libre mercado es que él relevaría a los hombres (así, en masculino) de las sujeciones personales, cuya relación paradigmática es la de acreedor/deudor. El mercado instauraría la libertad económica, dada la generalización, abstracción e impersonalidad de la moneda, que liberaría de las relaciones de deuda con el señor feudal, con el patrón o con el amo, al tornar a la deuda transferible, anónima y capaz de circular. El mercado aparece así no como una institución meramente económica, sino primordialmente como una de tipo moral: el mercado llevaría a la liberación de la servidumbre personal. Esa es –para volver a J. Locke– su ruptura civilizatoria.

A contramano de este relato, experimentamos hoy que la deuda se tornó omnipresente. Asistimos a una crisis integral –económica, política, social, ecológica–, signada por procesos de apropiación y expropiación inauditos a nivel global.[40] La clave para la continuidad de este proceso de apropiación/expropiación global es la destrucción definitiva de lo que queda del Estado social: esto es, la externalización de sus servicios de protección ciudadana (que se delegan en los individuos y las familias o en las empresas) y la declinación de sus funciones de regulación del conflicto social y de captura y distribución del excedente. Se trata de quitar del medio al Estado, de reducirlo al mínimo en pos de una administración autorregulada del mercado, pensado como espacio global sin límites.

La literatura crítica sobre la deuda soberana y la privada –en general, una literatura de izquierdas– vuelve paradójicamente a

---

40. Al respecto ver el Informe sobre la Desigualdad Global 2022, editado por Piketty, T. y otros (disponible online). Según ese informe, el 50% de la población captura el 8% del ingreso total, el 50% inferior global posee el 2% de la riqueza y el 10% superior mundial posee el 76% de la riqueza total de los hogares y captura el 52% del ingreso total en 2021. Para su exacerbación post Covid, ver: <https://www.bancomundial.org/es/news/feature/2023/12/18/2023-in-nine-charts-a-growing-inequality >. Para la situación argentina, ver Kessler y Assusa (2022).

Carl Schmitt para retomar una discusión sobre el Estado. Para-dójicamente, no tanto por la filiación ideológica de Schmitt, sino porque los textos de izquierdas que poblaron el pensamiento político de las últimas décadas son más deudores de Pierre Clastres –esto es, de una idea que afirma la tajante oposición entre libertad y Estado– que de Schmitt. En particular, se vuelve a *Nomos de la Tierra*, un libro de 1953 y a la correspondencia de la misma época entre el autor y Alexandre Kojève[41] (Schmitt, 2011). En *Nomos de la tierra*, Schmitt repite que la historia europea es una de apropiación y conquista y afirma su hipótesis de que esa tarea no está acabada y que ese sería el sentido que resta –aún– del Estado. Es decir, que todavía resta la política, más allá de la administración y de la policía. Para sustentarlo, traza una etimología de la palabra *nomos*, que significaría no sólo ley y orden jurídico, como solemos traducirla, sino también –primordialmente– apropiación (de ahí el verbo *nehmen*, tomar, en alemán) y distribución, partición. La apropiación sería lo que está a la base, lo que fundaría la distribución posible y el orden jurídico. O, en otras palabras, el Estado sigue siendo clave por su capacidad de definir *qué* y *cuánto* se apropia, *quién* se apropia, a *quiénes* se distribuye y a *quiénes* se retacea o excluye de esa distribución, con *qué reglas*. Algo similar (y menos imperialista) se podía leer en los análisis del Estado en América Latina de René Zavaleta Mercado (2008): el Estado puede compararse diferencialmente dada su capacidad de producir "materia estatal", que depende de su capacidad primordial de apropiación del excedente social (y de ahí las disputas por el cobre en Chile, por el caucho o el litio en Bolivia, por la tierra en la Argentina, el Uruguay y el Brasil, etc.).

La reconsideración del rol del Estado por parte de la literatura de izquierdas –de un Estado liberado de la captura neoliberal, como afirma Luciana Cadahia (2024)– surge más de la evidencia

---

41. El epistolario entre Schmitt-Kojève se puede leer en *Schmittiana. Band VI*. Berlin: Duncker & Humblot, 1998. Le agradezco a Nicolás Fraile la disposición de esta correspondencia. Para una revisión de estas bifurcaciones teóricas sobre el Estado en la Argentina, ver los libros, de reciente publicación, de Eiff (2024) y Blengino (2024). Para una teorización del lugar del Estado y de lo político en Schmitt, ver Laleff Ilieff (2020).

de que él fue puesto como blanco de ataque por parte del discurso y de la práctica neoliberal, que de la confianza en sus capacidades efectivas. Y de la experiencia de que el retiro estatal de las esferas de la vida social no genera más libertades, sino mayor endeudamiento privado para poder acceder a bienes y servicios que se entendía que constituían el piso mínimo de la dignidad humana y la condición para una ciudadanía activa. El Estado parece ser el último bastión a tomar para dar rienda suelta al extractivismo corporal, con sus intensidades variables según el lugar que se habite y el género que se padezca. La denuncia de que los impuestos son "robo" y el Estado "una gran ficción en donde todo mundo trata de vivir a expensas del resto", que elevaba F. Bastiat en el siglo XIX, es hoy retomada, dos siglos después, para generar un sentido común que, frente a la impersonalidad y el anonimato de los verdaderos recaudadores, consienta finalmente en hacer del tiempo de vida el equivalente a una red de deudas.

Cómo politizar la apuesta de esa libra de carne es la incógnita presente. Cómo politizarla cuando no hay un Shylock tan visible, cuando no hay solicitud explícita, cuando el tribunal mismo está puesto en cuestión y cuando no se pide una libra, sino simplemente continuar con la existencia del cuerpo deshecho, al decir de Eduardo Rinesi (2019).[42] Cómo politizarla cuando la solicitud de la libra de carne se confunde con la racionalidad y su respuesta no se vive como sumisión, sino como gestión soberana y estratégica de la vida. En otras palabras, como problema de cada quien.

---

42. Le agradezco la facilitación del texto a Cecilia Padilla.

CAPÍTULO III

Liberación y cautiverio.
Las anteúltimas Catriel:
una cartografía bonaerense[43]

De Matilde Modesta Catriel se sabe poco. Bisnieta de Cipriano, madre de Marta, abuela de Domingo, vecina de la ciudad de Azul, centro de la provincia de Buenos Aires. Una foto en internet la muestra con un poncho mapuche, rojo y negro, despojada de adornos, mirando con desconfianza a la cámara.[44] Se la nombra, eso sí, en el expediente 31213 de mayo de 2018, por el que el Instituto Nacional de Asuntos Indígenas (INAI) y la Administración Nacional de Parques Nacionales se comprometieron a restituir los restos del cacique Cipriano Catriel, consistentes en un poncho pampa de argollas y el cráneo. El acta aclara que el poncho y el cráneo se encuentran "en custodia" en el Museo de la Patagonia "Francisco P. Moreno", en la jurisdicción del Parque Nahuel Huapi. Las comunidades a quienes se les entregan los bienes, sin embargo, entienden distinto esa "custodia": para ellas, el cacique estuvo 144 años "cautivo" del Estado argentino y con la restitución se accede a su "liberación".

En 1999 –es decir, casi veinte años antes de esa restitución–, Matilde Modesta inició el reclamo para acceder a los restos del

---

43. Parte de este texto se presentó en las Jornadas de Filosofía Política sobre "Sacrificio/Esperanza" de Río Cuarto, Argentina, en agosto de 2024.

44. <https://fotosviejasdemardelplata.blogspot.com/2017/06/caciques-de-la-region-los-catriel.html>.

cacique. A su muerte, en 2008, fue su hija Marta quien siguió la demanda y murió en 2017, también sin ver cumplido el reclamo. Lo continuó Domingo, chozno del cacique. El expediente pasa por alto estas esperas y cita a Matilde como impulsora y representante de las comunidades que recibirán lo que queda de Cipriano: la comunidad "Cacique General de las Pampas Cipriano Catriel", de Azul y la comunidad "Peñi Mapu", de Olavarría. El expediente ordena también, en el artículo 2, que se disponga el traslado de las reliquias desde el Museo de la Patagonia de la ciudad de Bariloche a la Ciudad Autónoma de Buenos Aires. Es decir, que se sobrevuele el territorio de la provincia de Buenos Aires, pero sin asentarse en él, de donde sale todo lo que está en cuestión. En el artículo siguiente, dispone que se dé de baja del inventario del patrimonio del museo a las piezas números 1032 y 903, correspondientes al cráneo y al poncho.[45]

El cráneo de Catriel había sido pieza de exhibición del museo del sur desde poco después de su controversial asesinato, en 1874, hasta 1985. Antes, había estado en manos del Perito Moreno, como varios de los trofeos de guerra de la (mal) llamada "Conquista del Desierto". En una carta dirigida a su padre, Moreno escribe:

> La cabeza (de Catriel) sigue aquí conmigo; hace un rato que la revisé pero aunque la he limpiado un poco, sigue siempre con bastante mal olor. Me acompañará al Tandil porque no quiero separarme de esa joya, la que me es bastante envidiada. (Azul, 5 de abril de 1875).

El poncho, en tanto, fue uno de los que cubrió el féretro del perito en la ceremonia en la que se trasladó su cuerpo, desde el cementerio de la Recoleta de Buenos Aires a la isla "Centinela de la Patria", en el lago Nahuel Huapi de Bariloche. De esa ceremonia, en 1943, participaron el Vicepresidente de la Nación y también Ministro de Guerra, el general Farrell, el Ministro de Agricultura, general Mason y el Director de Parques Nacionales, E. Bustillo. Las fotos dan cuenta del desfile, de la misa que tuvo lugar en el Centro Cívico, de la inauguración del monumento alusivo y de la canti-

---

45. <https://servicios.infoleg.gob.ar/infolegInternet/anexos/305000-309999/309911/norma.htm>

dad de soldados que cargan a hombro el féretro del perito, con los ponchos de los caciques Catriel, Pincén y Sahiueque encima, a los que se llama "reyes" de la Patagonia.[46]

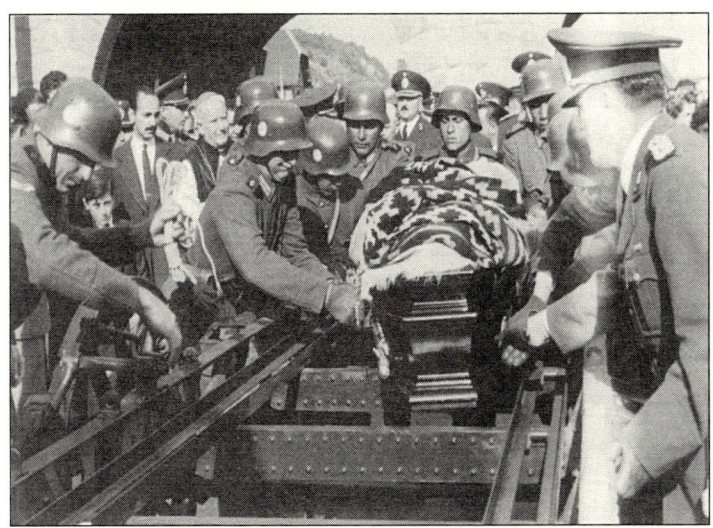

Matilde Modesta había hecho varios pedidos de restitución, sin efecto. Los restos del cacique formaban parte de una colección vasta de botines de guerra; que, en su caso –y a diferencia de la mayoría de NN–, estaban bien identificados. El perito Moreno poseía más de mil cráneos en su haber, que engrosaron la colección del Museo Nacional de La Plata, del cual fue fundador y primer director. El Museo se fundó por decreto provincial en 1884, dos años después de la ciudad capital de la provincia. A esos mil cráneos se sumaron los cientos donados por el escritor Estanislao Zeballos y los de los varios naturalistas que recorrieron el territorio bonaerense en misiones, entre científicas y militares, como Emilio Mirlin. Se le agregaron también los esqueletos de integrantes de pueblos originarios que fueron llevados vivos al museo y murieron trabajando en él: el lonko Inakayal y su familia;

---

46. <https://www.estudiospatagonicos.com.ar/cordillera/islacentinela. htm#:~:text=Entierro%20de%20Moreno%20en%20la,1897)%20 e%20hijo%20Eduardo%20V>.

una niña Damiana; un indígena a quién se le dio la tarea de ser sepulturero de su propia tribu. La mayoría de estos restos están numerados en el catálogo escrito en 1910 por el entonces jefe de la sección de Antropología del museo, Adolf Lehmann-Nitsche, pero permanecen sin identidad. Moreno, por el contrario, al frente de la "Oficina de Exploraciones Nacionales", que recorría el territorio para hacer relevamientos topográficos paralelos a la Conquista, sabía bien de los restos de los Catriel. En una carta, dice:

> (...) Aunque creo que no podré completar el número de cráneos que yo deseaba, estoy seguro de que mañana tendré 70. Hoy remito por la diligencia 17 en un cajón, los que harás recoger lo más pronto posible, pues el agente de ella no sabe la clase de mercancías que envío. (...) En otra ocasión, hubiera podido satisfacer mi deseo, pero hoy, con los barullos de los indios, es imposible. (...) Creo que no pasará mucho tiempo, sin que consiga los huesos de toda la familia de Catriel. Yo tengo el cráneo del célebre Cipriano, y el esqueleto completo de su mujer, Margarita; y ahora, parece que el hermano menor Marcelino no vivirá mucho tiempo, pues ha sido el jefe de la actual sublevación, y habiéndose rendido anteayer en el arroyo Nievas ante los Remingtons de Levalle, su querido hermano Juan José, el que entregó al otro, se ha comprometido a entregar a éste.[47]

En el 2005, un grupo de científicos ligados a la Universidad Nacional de La Plata cuestionó la exposición de restos humanos de pueblos originarios, que poblaban las vitrinas del museo. Como parte de una discusión mayor, se llevó al Consejo Académico de la universidad una resolución para que se discontinuara esa "exposición". El pedido se amparaba en la ley 25517, de 2001, que ordenaba en su artículo 2 el trato digno de los cadáveres de pueblos originarios. La ley, sin embargo, no estaba reglamentada y no lo sería hasta 9 años después. El Consejo Académico votó en contra. Esto originó una andanada de discusiones y la conformación de un colectivo, el GUIAS, el Grupo Universitario de Investigación en Antropología Social, que impulsaría ya no sólo el trato digno, sino la restitución.

---

47. <http://miradasdelcentro.com.ar/home/cipriano-catriel-de-joya-envidiada-del-perito-a-su-restitucion/>.

Ese colectivo generó debates que rebalsan los contornos de la Antropología, para marcar la persistencia de prácticas de desigualación, racismo y hasta exterminio, llevadas a cabo en pos de la conformación de un Estado-Nación entendido como homogeneidad poblacional y control territorial, y la necesidad de ver a la ciencia positivista y a sus instituciones como parte central de la legitimación de esas prácticas. En 2010, el colectivo emplazó la muestra fotográfica "Prisioneros de la ciencia" en sitios de la memoria contra la última dictadura militar de la Argentina: en la Mansión Seré de Castelar, en el Parque de la Memoria de Buenos Aires, en la ex ESMA, en la Casa de la Memoria del Chaco.[48] La inauguró incluso en el Museo de la Patagonia, lo que implicaba una revisión de la figura del Perito Moreno. Otros artistas se hicieron eco, como Fernando "Chugo" Chandía, que llenó de cráneos lugares emblemáticos de Esquel (el busto del Perito, la sede de la Sociedad Rural, una filial del supermercado "La Anónima").[49] Estas acciones de intervención en el espacio urbano actual, de sobreimposición de tiempos, quebraban la imagen que el Museo de La Plata había dado al exponer los restos en vitrinas: el ser exponentes de pueblos destinados a ser superados por la evolución de las especies, meras partes del pasado, objetos de estudio, reliquias. Por el contrario, las acciones como la muestra fotográfica y las intervenciones callejeras mostraban a quienes allí se

48. <https://analyticadelsur.com.ar/prisioneros-de-la-ciencia/>.

49. <http://miradasdelcentro.com.ar/home/cipriano-catriel-de-joya-envidiada-del-perito-a-su-restitucion/>.

exhibían como "prisioneros de guerra", cuyo tratamiento debía revisarse por parte de un Estado democrático. Las acciones enhebraban además las desapariciones producidas en el momento de fundación del Estado y las de la dictadura militar. Y pusieron en cuestión el rol "objetivador" de la ciencia frente y en medio de prácticas de exterminio, que quedaban como mero telón de fondo del valor de una colección museística.

La restitución del cacique Cipriano (así se llama la ceremonia, con la misma palabra que se usa para la restitución de identidad de nietos de desaparecidos) involucró a varias comunidades. Pero lejos de ser la ceremonia de cierre de una etapa ominosa, mostró los quiebres persistentes entre los grupos. Fernando Pepe, antropólogo y por entonces coordinador del Área de Identificación y Restitución de Restos Humanos Indígenas y Protección de Sitios Sagrados del INAI, describe esa restitución como una de las más problemáticas que le tocó presenciar. Tanto es así que, al final del rito, el pacto entre las comunidades se rompió:

> Fue esa una restitución muy emotiva porque vinieron diferentes comunidades catrieleras de todo el país. Pero cuando terminó esa ceremonia, hubo una disputa entre las dos familias y una de ellas se llevó los restos y el poncho de Catriel a Azul, rompiendo de ese modo el pacto donde se establecía que iba a ir a Olavarría el poncho y a Azul el cráneo. Fue la única restitución que tuvo esta particularidad, de una violencia emocional, digamos, que terminó con un pacto previo entre las comunidades. Y que además generó un quiebre institucional entre INAI y Parques Nacionales.[50]

La restitución de Cipriano Catriel fue el séptimo acto de restitución llevado a cabo por el INAI. Las anteriores devoluciones que involucraban al Museo de La Plata habían sido las del lonko Modesto Inakayal en 1994; la de Panguitruz Güor o Mariano Rosas en 2001; la de Kryygi o Damiana en 2010; las de Ana Inakayal y Margarita Foyel en 2014; las de Capello (Seriot), 3 individuos selk'nam y los caciques Gerenal, Indio Brujo, Gervasio Chipitruz y Manuel Guerra, en 2016; las de 6 catrieleros de Azul y 4 de Ola-

---

50. <https://fmfutura.com.ar/2021/06/01/restitucion-del-lonko-cipriano-catriel-cristaliza-las-problematicas-que-atraviesan-a-los-pueblos-en-general/>

varría, en 2017.[51] Algunos de esos restos se alojan en ciudades que fueron erigidas como fortines, fuertes, comandancias o espacios de frontera y que conservan incluso la sonoridad originaria en sus nombres (Trenque Lauquen, Tapalqué, Guaminí, Carhué, Pigüé). Los miembros de las comunidades que recibieron los restos enfatizaban la necesidad de "liberar" a los espíritus de los devueltos -para ellos, cautivos-, siguiendo una serie de rituales de baile, canto y de retorno de los cuerpos a la tierra. Sin embargo, incluso esas restituciones no se hicieron sin vueltos por parte de las instituciones. El colectivo GUIAS afirma que, además de encontrar cómo se archivaban los reclamos por parte de las comunidades originarias, el museo seguía tomando las piezas óseas como objetos apropiables.

Y uno de los hallazgos más preocupantes fue que la institución en el año 1994, cuando había realizado la restitución del Lonko Inakayal, quien había muerto dentro del museo, se había quedado con su cerebro, cuero cabelludo y oreja izquierda.[52]

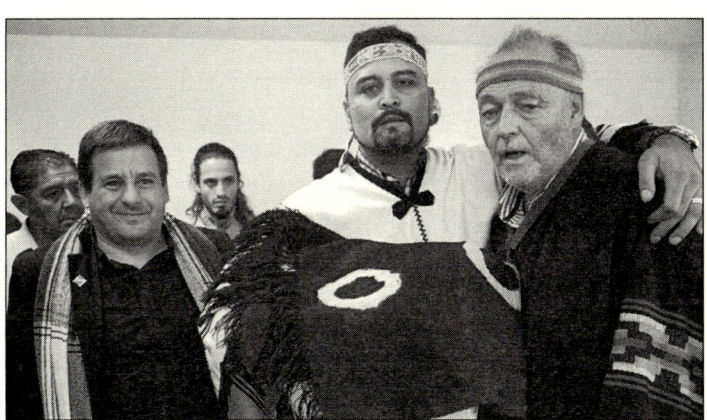

De izquierda a derecha: el antropólogo Fernando Pepe, Domingo Catriel, de Azul, y Victor Hugo González Catriel, de Olavarría.

51. Fuente: página web del Museo de La Plata. <https://www.museo.fcnym.unlp.edu.ar/home/restituciones-realizadas-por-el-museo-de-la-plata-372>. Le agradezco a Fernando Pepe las puntualizaciones y correcciones. Ver también Boschín y Fernández (2017); Magallanes y Stella (2022).

52. <https://analyticadelsur.com.ar/prisioneros-de-la-ciencia/>.

El lonko Lorenzo
Pincén, fallecido
en 2021, en
Trenque Lauquen.

Seguir el rastro de la restitución de Cipriano es casi una tarea detectivesca. No obstante el primer destino pensado para el cráneo había sido Tapalqué, éste terminó en Azul, donde fue enterrado en lo que se conformó como la "Plazoleta de Respeto de los Pueblos Originarios", sita entre las calles Mitre y De las Cautivas. Para la plazoleta se trasladaron piedras dolomitas de la casa derruida de Matilde Catriel en la localidad de Sierras Bayas, partido de Olavarría. La llegada a Azul del cráneo, luego del paso por la Dirección de Parques Nacionales de CABA, constituyó una ceremonia de la que participó incluso el intendente de entonces, H. Bertellys.[53] En agosto de ese mismo año 2018, el Concejo Deliberante de Azul nombró centro cultural a la casa de Marta Pignanelli Catriel, enfermera y educadora, emplazada en el barrio

---

53. <http://miradasdelcentro.com.ar/home/cipriano-fue-recuperado-por-y-para-su-pueblo/>.

"Villa Fidelidad". Villa Fidelidad es un conjunto de tierras "cedidas" por el Estado Argentino a las comunidades pampas, al que se llamó así por la "concordia" de los Catriel, considerados "Indios Amigos". Paradójicamente o no, la Ruka de Marta está en la calle Roca Nr. 64.[54]

De Matilde a Bibiana

La restitución de la cabeza de Cipriano tensionó los lazos entre las comunidades de ciudades de "frontera", hoy emplazadas en el centro de la provincia de Buenos Aires. Una frontera que fue corriéndose de acuerdo a las sucesivas campañas de extensión de la frontera bonaerense, muy anteriores a la Conquista del desierto. Pero, al menos, la cabeza estaba identificada. No puede decirse lo mismo del cuerpo del cacique. La revista *Caras y caretas*, en 1909, publicó una nota que señalaba que el cuerpo del cacique estaba enterrado en el paseo Jesús Mendía, en pleno centro de Olavarría, frente a la plaza Coronel Álvaro Barros y la municipalidad[55]. En su ajusticiamiento, tanto el cuerpo de Cipriano como el de su lenguaraz, Avendaño, habrían sido tirados en una fosa y luego construido encima de ellos. Ese es parte del problema: aún hoy no está claro cómo y por quién fue muerto Cipriano Catriel. Unos dicen que, dado que había sido nombrado por Sarmiento Capitán General del Ejército, fue entregado para su muerte a las tropas regulares. Otros, que fue lanceado por sus hermanos Juan José (que se llamaba así por Rosas) y Marcelino, en una sublevación de los catrieleros, después del fracaso del apoyo de Cipriano a Mitre, en el levantamiento contra el supuesto fraude de Nicolás Avellaneda. La "dinastía" de los Catriel –un nombre que, como

---

54. Marta está enterrada en La Matanza. Su reclamo era el de un cementerio indígena en Azul.

55. <https://www.radiouniversal983.com.ar/2018/05/12/el-cuerpo-sin-cabeza-de-catriel-debajo-del-nuevo-paseo-la-historia-la-leyenda-y-el-misterio/>
<https://www.infobae.com/sociedad/2021/11/24/lanceado-por-su-tribu-y-con-el-craneo-en-un-museo-la-muerte-del-cacique-catriel-y-el-misterio-de-sus-restos/>.

el de "reyes" o "emperadores" de la pampa, da cuenta del esca-
sísimo tratamiento del cacicazgo por parte de la teoría política
argentina– se habría matado entre sí, confirmando los prejuicios
de salvajismo.[56]

Lo cierto es que los Catriel, considerados por entonces "Indios
Amigos", habían frenado por una década el avance de la frontera.
Habían incluso vencido a Mitre, en un momento en que el liberalismo argentino se identificaba con la guerra y la unidad del
territorio, como bien señala Halperín Dongui. Vencieron también a
Calfucurá y luego se aliaron con él, en sucesivas confederaciones y
alianzas. Luego de la muerte de Cipriano, el ministro de Guerra de
Avellaneda, Adolfo Alsina –el mismo de la zanja– exigió el éxodo
de los catrieleros. Ellos, bajo el mando de Juan José, iniciaron una
última estrategia de resistencia: la del "Malón grande". Junto con
los caciques Pincén y Baigorrita, atacaron con sus lanzas los fortines de Azul, Tandil, Olavarría, Alvear, Juárez, Tapalqué y Tres
Arroyos, para ser vencidos en la batalla de Paragüil y trasladados
presos a la isla Martín García.[57]

En su libro de crónicas de viaje, Hebe Uhart (2015) cuenta que
dos veces le pidió una entrevista a Marta Catriel. Uhart estaba
allí, en la puerta de su casa del barrio Villa Fidelidad. Las dos
veces Marta le dijo que no podía, porque la encontraba "saliendo
a Buenos Aires". Uhart lo entendió, porque es ahí, en la Capital
Federal, donde se hacen los reclamos de tierras que los catrieleros –y muchos otros– vienen planteando al Estado argentino. Le
contaron, sin embargo, en esos días, relatos de Matilde. Que un
becario de antropología de Azul quiso llevarla a conocer africanos

---

56. Los rumores sobre la muerte de Cipriano continúan hasta el presente
y forman parte de los resquemores que dividen a comunidades arra-
sadas, como éstas. Lorenzo Pepe me puntualiza, en una conversación
en torno a este texto, que en el Archivo del Departamento Judicial
de la ciudad bonaerense de Dolores (registro 84, legajo 78, foja 2)
consta una orden de fusilamiento de Catriel por parte del Ejército
Argentino, que se habría llevado a cabo en el "Fortín Olavarría".

57. Juan José se entregó en Fuerte Argentino (hoy Torquinst) en 1878.
Se los bautizó en la isla Martín García. Al ser liberados, retornaron a
la zona. Juan José murió de cáncer en el Hospital de Olavarría y Marcelino crió ovejas y se tornó picapedrero en Sierras Bayas, la zona
minera más importante de la provincia.

LIBERTAD Y CUERPO

y ella se negó. Que participó de un congreso de pueblos indígenas. Que la invitaron a quemar la bandera de los Estados Unidos en una plaza y le respondió al grupo que la convocaba que mejor vayan a pelear al presidente directamente allá, en el norte. Que Marta es muy reservada y aconseja no decir lo que se piensa. Que se debe haber cansado de hablar en público el 12 de octubre. Le citan a Uhart un refrán que circula en Azul, para cuando hay que apurar el paso: "Dale Catriel, que es polka". Catriel y la polka en una ciudad que reivindica a Cervantes.

Difícil llamarse Catriel por estos pagos. Lo que funciona como un apellido, en realidad lo desborda y hasta puede ser estigma.[58] Los Catriel tienen una tradición de mujeres activistas. Desde Matilde y Marta, hasta hoy Susana González, sobrina y miembro de la comunidad de Azul, a quien se consulta para este ensayo. Pasando por Bibiana García, que luego de la derrota de los hermanos Juan José y Marcelino, en 1878, asumió el rol de cacica, en una situación completamente excepcional. Bibiana había sido cautiva junto con su hermana por los Catriel y cuando pudo haber sido restituida a su familia española de origen, eligió quedarse con la tribu. Se cambió el nombre a Dughu Thayen, que en mapudungun significa "Cascada Rumorosa". Fue Machi de una comunidad ya diezmada y minimizada en sus capacidades guerreras, a la que se desplazó progresivamente fuera del territorio bonaerense, hacia el sur. Organizó a las tribus dispersas, viajó numerosas veces a caballo desde Bahía Blanca hasta capital para conseguir al final tierras cerca del Río Colorado, "cedidas" en su titularidad por decreto del entonces presidente Julio. A Roca, en 1899. Había tenido un hijo con Cipriano. Hoy, en la Colonia agrícola pastoril de Catriel, en Río Negro, hay un monumento a Bibiana, en la que está a caballo, con una lanza y una bandera. No hay épica, como en los monumentos de libertadores. La colonia dejó de ser estric-

---

58. La presencia del apellido Catriel en la región de Azul, Tandil y Olavarría es cotidiana, aunque la alusión no sea inmediata: hay una concesionaria de autos, una harina en general rebajada de precio, una marca de alfajores y es el nombre del balneario municipal de Olavarría. Muchas veces el apellido pasó a ser utilizado como nombre de pila.

tamente agrícola y pastoril, cuando a fines de los 50 YPF descubrió un yacimiento de petróleo.

El cuerpo argentino

En la presentación de la octava edición del Festival Internacional de Literatura de Buenos Aires (FILBA), la escritora María Moreno habló de forjar un cuerpo argentino "ajeno a las pretensiones esencialistas con que las ideas de Patria o de Nación arman sus modelos de pertenencia". Se trata, para ella, de privilegiar a los excluidos, a los forajidos, a los fuera de catálogo al armar ese cuerpo.[59] Podríamos sumar que se trataría de forjar un cuerpo argentino ajeno a las pretensiones esencialistas (también) de cualquier etnia. Pero, para arrojar esa pretensión indolente, primero habría que tener cuerpos.

La dispersión de los restos del cacique Cipriano (uno, entre miles) recuerda al ensayo de la socióloga Silvia Rivera Cusicanqui frente al descuartizamiento de Tupac Katari en Bolivia. Rivera relataba cómo se habían diseminado por todo el territorio del país vecino las partes del cuerpo desmembrado del líder para evitar que –de unirse sus fragmentos– éste pudiera retornar (Rivera Cusicanqui, 2010). La desposesión de los Catriel fue tal que ni de los cuerpos pudieron hacerse, en un devenir que los tornó de indígenas a indigentes, como bien afirma M. Luz Endere.[60]

La dispersión del cuerpo, sin embargo, contrasta con su persistente búsqueda. Como si se tratase de una cartografía, seguir el rastro de los Catriel anuda La Matanza, Martín García, la Patagonia, CABA, Azul, Olavarría, Trenque Lauquen, Tapalqué, la zona de la zanja de Alsina, Bahía Blanca, Torquinst, Alvear, Juárez, Tres Arroyos. Un hilo enhebra enlaces fuertísimos en un

---

59. <https://www.revistaanfibia.com/cuerpo-argentino/>. María Moreno relata la restitución del cacique Mariano Rosas a los ranqueles en: <https://www.pagina12.com.ar/2001/suple/Radar/01-07/01-07-01/nota1.htm>. Ver también la novela al cacique, de Sergio Schmucler (2018).

60. Al respecto de cómo la imagen de indígenas pobres promueve una actitud tutelar, ver Rivera Cusicanqui (2005: 133-156).

territorio tan vasto como la provincia de Buenos Aires, a la que aún hoy se le cuestiona su extensión y "viabilidad" y que da cuenta de una identidad en tensión que data desde antes de la formación del Estado.

Pero lo notable es que la búsqueda estuvo signada por la denuncia, por parte de las comunidades catrieleras, de que Cipriano estaba "cautivo" y que debía ser "liberado". La alusión al cautiverio inscribe el secuestro de los huesos del cacique dentro de una larga y recurrente tradición de prácticas: la captura de hombres, mujeres y niñes, a ambos lados de la frontera.

El cautiverio fue una práctica habitual, con distintas "funciones" de acuerdo al momento. Fue también una práctica que legitimó a las expediciones militares contra los pobladores originarios y que alimentó fantasías de todo tipo, sobre todo sexuales. La alusión, en el imaginario criollo, a cautivas –mujeres y blancas–, tomadas por la fuerza por los malones fue un estereotipo de la imagen del salvajismo y una muestra del abismo cultural que se pretendía. Fue también una imagen selecta de la literatura y de la pintura de época: *La Cautiva*, de Esteban Echeverría, *Martín Fierro*, de José Hernández y *Santos Vega*, de Hilario Ascasubi en letras; *Rapto de una blanca* y *El malón*, de Juan Manuel Blanes, y *La vuelta del malón*, de Ángel Della Valle, en pintura, son algunos ejemplos[61]. Una imagen que, revisada, se puede ver en las esculturas de Lucio Correa Morales[62] y que retorna con fuerza en las artes contemporáneas, con César Aira, Gabriela Cabezón Cámara,

---

61. Laura Malosetti Costa explica bien que "La vuelta del malón" se pinta en 1892, cuando los malones ya no existían, luego de la campaña de Roca. Por tanto, la imagen sirve más a una mirada retrospectiva, hasta aleccionadora. Escribe Malosetti Costa: "En 1892, ya no había malones en la pampa. La campaña del Gral. Roca en 1879 había logrado la conquista definitiva del desierto y el virtual aniquilamiento de sus habitantes indígenas. La pintura de Della Valle adquiere entonces un carácter diferente; una evocación de la 'vida del desierto antes de 1879', de un pasado ya superado. Es una realidad histórica que ya no tiene lugar en el país civilizado" (1994: 4).

62. Sobre "La cautiva" (tehuelche) de Lucio Correa Morales, pieza del acervo del Museo de Yrurtia, ver <https://museoyrurtia.cultura.gob.ar/noticia/12-de-octubre-dia-del-respeto-a-la-diversidad-cultural/>.

Susana Rotker y Mariano Tenconi Blanco. O en la sociología, con Horacio González.

Cautivos y cautivas hubo de ambos lados. Carlos Mayo describe el cautiverio y el rescate como una práctica estandarizada y ritual, o, en sus palabras, un "procedimiento de rutina". Los cautivos eran de todo tipo y en alto número: peones, arrieros, viajeros, mujeres blancas y también mujeres indígenas, infantes. Aquellos que circulaban por el espacio de frontera o que estaban cerca de los límites podían ser objeto de captura y luego de negociación y rescate, mientras que no fueran viejos. Lo definitorio para poder ser capturado, escribe Mayo, era el estado físico, más que las características fenotípicas o el género. El cautiverio tenía un rol económico porque los cautivos y las cautivas podían ser vendidos o intercambiados, en trueque, por bienes que no se poseían en la economía indígena: textiles, animales, metales, aguardiente; o entre las diferentes tribus. Los cautivos cumplían funciones simbólicas, como lenguaraz o informante, de concubinato, de reproducción, de servidumbre laboral. Un tipo de rescate podía ser diplomático, por vía de una negociación oficial o por parte de familiares y un intercambio; otro tipo de rescate podía ser militar. Pero lo cierto era que se esperaba que la toma de cautiverio activara una serie de respuestas. El cautiverio abría una especie de interlocución, suponía un movimiento dirigido a un interlocutor, que sabía por experiencia cómo responder. Suponía una temporalidad, propia del ritual. Un sistema de circulación de personas-bienes.[63]

Por eso, la referencia al "cautiverio" de Cipriano tiene una doble valencia: por un lado, inscribe el secuestro de los restos y la restitución dentro de una historia de largo plazo de prácticas conocidas. Por el otro, da cuenta de la ruptura unilateral de esta

---

63. Silvia Ratto (2010: 41-66) habla de un circuito de intercambio, de toma y daca, de bienes y personas, que fue variando de acuerdo con el período. Para los indígenas, el cautiverio se trataba mayormente de una forma de comercio; para los hispano-criollos, de un botín de guerra. Esta alusión al intercambio en la historiografía parece remitir a los estudios de C. Levi-Strauss, M. Mauss y B. Malinowski. Aunque el cautiverio no genera una relación de parentesco, sí una suerte de reciprocidad. Para un marco general, ver Rubin (1986).

dinámica. Porque esta restitución se dio desfasada en el tiempo, y, sobre todo, sobre un cuerpo óseo y no vivo. Y no se trató de un rescate, sino de una restitución en la que uno de los interlocutores manejó tiempos y modalidades a gusto. Sin embargo, la alusión al cautiverio insiste sobre el sentido compartido: no se trata ahora de la "inversión del despojo" que las imágenes de las cautivas pretendían ofrecer en el siglo XIX, como señala Laura Malosetti Costa, en las que se pretendía justificar el despojo de tierras a causa del secuestro de mujeres.[64] Se trata de la puesta en escena de la inversión de los términos entre civilización y barbarie, de la evidencia de la ruptura de los rituales y del estancamiento del tiempo histórico. Las comunidades catrieleras vuelven sobre una figura, la del cautivo, que extra-legal, extra-jurídica, pero que persiste, anclada en un tiempo pasado irresuelto. Muestran, con su insistencia, que hay restos, hay ruinas, hay puntos sin suturar en lo que pretendía ser la justificación del exterminio y de la guerra.

Por eso, el despojo de los cuerpos y de las tierras, no puede verse como un sacrificio. El sacrificio suele estar asociado a la justificación de un daño por inscribirlo en una temporalidad que redime ese daño en el futuro, que lo relativiza por sus frutos. Esa es su diferencia con el crimen: el sacrificio implica algún daño, alguna renuncia o postergación, que será redimida.[65] Implica un daño que será reconocido, honrado y justificado. El cautiverio de los huesos parece más un intento de primero exhibir y ostentar, y, luego, de poner debajo de la alfombra aquello que no puede enten-

---

64. Escribe Malosetti Costa: "El cuerpo de la mujer robada tuvo una función simbólica evidente, al invertir los términos de la situación de despojo: no es el hombre blanco quien despoja al indio de sus tierras, su libertad y su vida, sino el indio quien roba al blanco su más preciada pertenencia". No obstante los cautivos fueron tanto mujeres como varones, las mujeres lo eran en gran número y la reinserción en la sociedad hispanocriolla, al menos, muy problemática. Un síntoma de lo conflictiva de esa relación es el alojamiento de cautivas tanto blancas como indígenas en la "Casa de Recogimiento" de la Ciudad de Buenos Aires, cerca de Parque Lezama. Ver De Palma (2009).

65. Al respecto de la relación sacrificio/crimen en la comparación entre *Os sertões* y el *Facundo*, ver M. Pía López, <https://nuso.org/articulo/en-dialogo-con-los-sertones-de-euclides-da-cunha/>.

derse como sacrificio, sino sólo como crimen. Por eso, Cipriano es liberado y con ello se afloja el nudo entre ciencia y complicidad.

Centrípeto y centrífugo

L a historiografía clásica argentina ha pensado a los indígenas como obstáculos a la formación estatal, al desarrollo económico, a la ilustración, a los buenos modales. En ese marco, ha pensado a la frontera como una línea que distinguía tajante entre la civilización y la barbarie, a uno y otro lado de los fortines. En las últimas décadas, sin embargo, esa aproximación historiográfica respecto de la frontera cambió radicalmente: se abandonó la perspectiva belicista y empezó a estudiarse al "espacio fronterizo", no como una línea geográfica, no como un corte entre mundos culturalmente ajenos, sino como un espacio de experiencia tejido por relaciones sociales que forjaba, incluso, algunas identidades híbridas.[66] Se pasó así de una concepción dualista del espacio a una tripartita: de un lado los pagos o los pueblos de los "cristianos", tal como se referían a ellos los contemporáneos, del otro, la "tierra adentro" o el país de las diferentes naciones originarias, y, por último, la franja sin norma que mediaba entre uno y otro lado, a lo que muchas veces se llamó (también) el "desierto". Al respecto escribe F. Roulet: "Por su parte, el mosaico de sociedades indígenas de las pampas tenía un modo de vida que en el siglo XVIII combinaba generalmente el pastoreo de ganado doméstico con la caza de fauna silvestre y de ganado cimarrón, que las obligaba a una gran movilidad regida por patrones estacionales. Pequeñas partidas de indios cazadores, "bomberos" (espías que daban cuenta de los desplazamientos de otros grupos) o comerciantes recorrían constantemente el territorio. Después de las amargas experiencias sufridas tras las expediciones del Maestre de Campo Juan de San Martín y otros belicosos jefes de frontera, las tolderías más importantes se corrieron al sur y al centro de la pampa, ubicándose en zonas de buenos pastos y aguadas permanentes

---

66. Al respecto, ver Tamagnini y Pérez Zavala (2010), Mugueta, Operé (2006), Ratto (2001).

protegidas de las incursiones españolas por las enormes distancias y la inclemencia de las travesías. Así fueron surgiendo sobre el terreno amplias franjas virtualmente despobladas, "desiertos" artificialmente creados por necesidades logísticas, que marcaban las lindes demográficas de los espacios en disputa. Algunos cientos de kilómetros podían mediar entre la línea de fuertes (la frontera *stricto sensu*), el accidente geográfico (generalmente un río) elegido con criterios políticos como frontera natural o ideal y las áreas de asentamiento de la población, a uno y otro lado de esos límites" (Roulet, 2006).

La concepción tripartita del espacio permite replantear a qué se le llama frontera: ya no a la división cultural entre un mundo de relaciones sociales "civilizadas" y el desierto o la barbarie, ya no a un límite jurisdiccional, sino a una franja relativamente imprecisa en general recorrida por desertores, contrabandistas, ladrones, comerciantes, e "intermediarios culturales" de todo tipo entre ambas sociedades, la cristiana y la originaria. Es decir, se llama frontera al territorio intermedio, sin una norma reconocida, en el que circulaba un cúmulo de población en general masculina. Esa franja fue vista muchas veces como un espacio de libertad, entendida la libertad, en este caso, como la *fuga* respecto de algún orden específico, como podía ser el reclutamiento militar en los fortines o el trabajo forzado como sirvientes. Era, también, la franja que anticipaba la "libertad bárbara" de vivir sin Estado, como el coronel Álvaro Barros describía la vida más allá de los fortines (1975 [1877]: 203). Al respecto escribe Roulet:

> En esa tierra de nadie no hay ni siquiera una organización social estructurada por el parentesco: se trata aparentemente de una comunidad de hombres solos, cuyo vínculo no se basa ni en la sangre, ni en el afecto ni en una tradición común, sino en un mismo modo de vida predador. (2006: 8).

En esta franja circularon identidades culturales trazadas por la relación mayormente conflictiva entre dos tipos de sociedad. Cito nuevamente a Roulet:

> ...hay que señalar que transitan por ese espacio social fronterizo toda clase de personajes engendrados por las experiencias de contacto, contienda y mediación propias de la frontera: bomberos y baqueanos, indios ladinos y lenguaraces,

conchavadores y pulperos ambulantes, capitanes de amigos y rehenes, capitanejos y jefes de frontera, "gauchos malos" e "indios gauchos", "indios amigos" y renegados, "indios fronterizos" y "cristianos aindiados", junto con un sinfín de cautivos de todas las procedencias. Más móviles que la frontera misma, estos "tipos fronterizos" penetran en todos los sentidos los espacios de contacto tejiendo redes interpersonales a uno y otro lado, tejiendo puentes a menudo, reforzando límites otras veces. (2006: 10).

Estos "tipos fronterizos"[67] poblaron el espacio liminar antes que la Conquista del Desierto, sobre el fin del siglo XIX (1878-1885), resolviera de cuajo el problema de las fronteras, eliminándolas como límites internos inaceptables para la soberanía estatal. Es decir, antes que se instalase una concepción marcial de la frontera, que la mostraba como un límite interior que debía ser barrido militarmente, para dar lugar a un territorio unificado bajo una única jurisdicción. Esta concepción marcial de la frontera no surgió en el territorio bonaerense por motivos de la conquista española –siempre se trató de un espacio marginal en riquezas, población y por tanto, en interés respecto de otras zonas–, sino por efecto de la extensión de la jurisdicción del Estado argentino y lo que podríamos llamar, siguiendo a N. Ras (2005), la "disputa por las vacas". Esto es, la progresiva necesidad de tener tierras libres disponibles para la cría y luego exportación de ganado vacuno.

Conforme fue pasando el tiempo entre la conquista española y la Conquista del Desierto –y la repetición del vocablo conquista no es menor–, el concepto de frontera –que siempre fue un término hispanocriollo– fue mutando de sentido y forjando tanto un imaginario como un patrón de relaciones distinto al interior del territorio: del término frontera de herencia medieval y militar, con reminiscencia de las cruzadas frente a los musulmanes, que importó España a las Américas, se pasó a pensar la frontera como límite geográfico entre modos de población y de régimen social distintos, para volverse luego una frontera interior que definía

---

67. Como bien afirma A. Grimson (2000: 20), no siempre ese espacio fronterizo dio lugar a identidades híbridas, sino también a rechazos de plano y a incrementos del conflicto.

un margen de contacto, un espacio fronterizo y a la vez un "más allá" desconocido, y terminar como una afrenta a la soberanía y el problema político a erradicar. Hoy, el término frontera se usa casi exclusivamente para dar cuenta de las relaciones entre Estados extranjeros, pero no para el interior de un país. La Conquista del Desierto suprimió estas mutaciones de sentido, al resolver militarmente lo que se consideraba el mayor obstáculo al desarrollo del país. Así lo expresó Julio Argentino Roca como presidente de la Nación a la Cámara de Senadores, en 1885, luego de culminar la campaña al Chaco:

> Quedan pues, levantadas desde hoy las barreras absurdas que la barbarie nos oponía al Norte como al Sud en nuestro propio territorio, y cuando se hable de fronteras en adelante, se entenderá que nos referimos a las líneas que nos dividen de las Naciones vecinas, y no a las que han sido entre nosotros sinónimo de sangre, de duelo, de inseguridad y de descrédito. (Dirección de Información Parlamentaria del Congreso de la Nación, 1991: 205).

Ahora bien, la provincia de Buenos Aires tuvo la particularidad (a diferencia de las otras provincias, que tenían una cierta estabilidad en sus límites), de tener temporalmente distintas fronteras antes de la definitiva Conquista del Desierto. Fronteras que se iban corriendo al sur con las expediciones militares, a la par que se empujaba a algunos pobladores originarios hacia la Patagonia y se alojaba a otros.[68] Lo que sería hoy el territorio argentino reconocía hasta fines del siglo XIX dos fronteras internas: una en el norte, que cruzaba el Chaco, y otra al sur, una cadena de fortificaciones erigida en tiempo de la conquista española que iba del Atlántico hasta la Cordillera de los Andes. La "Frontera Sur" era un territorio militarizado que involucró una extensa porción de territorio –lo que hoy serían las provincias de Buenos Aires, sur de Córdoba, Mendoza, San Luis, La Pampa, Río Negro y Neuquén– durante un largo período de tiempo –desde la conquista hasta 1883, cuando el foco del conflicto se desplazó hacia más al sur–.

---

68. Sobre las épocas y diferencias entre la colonización estatal y provincial en Buenos Aires, en particular en la zona catrielera, ver Pedrotta, Lanteri y Duguine (2012).

Fuente: Museo Roca. <https://museoroca.cultura.gob.ar/noticia/de-que-hablamos-cuando-hablamos-de-fronteras/>.

La provincia de Buenos Aires fue readecuando límites (internos-externos) con una progresividad que las demás provincias desconocieron. Por eso, la frontera bonaerense fue ese espacio poroso pero también móvil e inestable, que impregnó la existencia misma y la vida cotidiana de muchísimos parajes, por más de una centuria. A medida que la frontera se corría, dejaba sembrado un dinamismo social propio, que se sedimentaba, sin desaparecer. Lejos de la expansión aventurera sobre un territorio "libre", como describió polémicamente Jackson Turner la colonización de Norteamérica, y lejos de la recuperación simbólica del territorio en que se perpetró el crimen colonizador, como acervo cultural y destino alternativo para el país, como aparece el sertón brasilero en Euclides Da Cunha, la frontera bonaerense desconoció la épica y fue más bien un avance tensionado y alargado en el tiempo sobre un territorio socialmente estructurado, con cuyas modalidades de organización (incluso políticas) había que contar, cuando no, negociar.[69] Por eso, particularmente el territorio bonaerense interiorizó la frontera, forjando un escepticismo hacia ambos lados, presuntamente opuestos, de la civilización y la barbarie. Y habitar alguna especie de frontera, de borde, de espacio fronterizo, es aún hoy una experiencia marcante, según se viva en diferentes regiones del territorio bonaerense: en el conurbano, en las sierras, en los puertos, en los márgenes.

La provincia es homónima de la ciudad de Buenos Aires, pero a la vez, su diferencia y una pluralidad de diferencias internas, subordinadas a esa primera. Esa diferenciación adquiere distintas valoraciones para sus pobladores contemporáneos: hay momentos en que se es de la frontera, en otros se está en-frente, en otros se experimenta como límite y freno, en otros como colchón entre una ciudad-puerto y un interior visto como extensión plana y relativamente relevante, una identidad intermedia. La provincia da territorio así al conflicto irresuelto del federalismo argentino y presentifica una frontera de varias capas, que al tiempo que se borró con el ejército, se repuso en el imaginario y en la desigualdad persistente en las condiciones de ciudadanía.

* * *

Las fotos utilizadas son del "Archivo de resguardo del Colectivo GUIAS" y de Marco Bufano, a quienes les agradezco por la cesión de derechos. Agradezco también a Cora Gamarnik, por las referencias a este respecto.

---

69. Para la comparación del tratamiento de las fronteras en Turner, Sarmiento, Da Cunha y Buarque de Holanda, ver Yuln (2010) y Smith Madan (2017).

CAPÍTULO IV

Hacer con la violencia
en el pensamiento político contemporáneo[70]

Hay una omnipresencia de la violencia en la escena contemporánea. Como escribe Hannah Arendt: a pesar de que "violencia" es el término más confuso y menos específicamente abordado de la teoría política moderna –al interior de una constelación de términos como, por ejemplo, poder, autoridad, fuerza o dominación–, el uso del término violencia se extendió hasta cubrirlo todo en la contemporaneidad. Se califica de violencia a las conductas de simpatizantes de fútbol, a los comentarios de lectores de diarios *online*, a las persecuciones de *haters* en redes sociales, a las relaciones de agresión que puedan darse en instituciones como la escuela o el club, a las requisas policiales, a las opresiones de género, a las discusiones de tránsito, a la guerra entre Estados o bandas delictivas, a los daños sociales del narcotráfico. Todo parece explicarse en remisión a la palabra violencia, aún cuando, así, los límites del término se vuelven aún más difusos. Violencia es un concepto, como describe Sergio Tonkonoff (2014), infra-definido y sobre-utilizado. Una palabra en proceso de inflación, que parece poder descri-

---

70. Este texto fue leído como conferencia, en el Coloquio "Spinoza en los márgenes de la violencia", realizado en la Casa de la Cultura "Rafael Galván", de la Ciudad de México, el 21 de septiembre de 2023. Agradezco a quienes allí intervinieron con preguntas, que transformaron lo escrito. Le agradezco también a Gabriela Rodríguez Rial por la lectura atenta y sus comentarios, que adopté.

bir buena parte del estado de cosas cotidiano, sin sostenerse en (ni parecer precisar) una definición precisa. Y esa sea quizá su característica más constitutiva: no se sabe cuál sería la definición estricta de violencia y esa indefinición es el motor de su extensión y –sostendremos– un síntoma de la reducción del campo político, tal como lo conocemos.

Ante la omnipresencia de la calificación de violencia podría plantearse la pregunta: ¿hay más violencia en la contemporaneidad o será que habitamos sociedades en las cuales se le llama violencia a demasiadas situaciones? Es decir, ¿estamos ante un déficit discursivo o nuestras sociedades occidentales –específicamente nuestras sociedades latinoamericanas de las primeras décadas del siglo XXI– son sociedades más violentas que lo que han sido en el siglo anterior? Para focalizar la pregunta: ¿habría mayor violencia en la Argentina contemporánea que, por ejemplo, la que hubo en la de la dictadura militar de los años '70?[71] ¿Habría más violencia en el México contemporáneo (signado, ojalá, por Ayotzinapa) que en el de 1968 y la matanza de Tatlelolco? ¿Cómo responderíamos nosotros, ciudadanes de estas sociedades, si no quisiéramos resolver rápidamente la pregunta y decir que las nuestras han sido siempre sociedades violentas y que así lo seguirán siendo, por ser culturalmente machistas, desiguales, periféricas y tradicionales? Si no quisiéramos ser así de simplistas y así de esencialistas, tal vez ante la pregunta de si estamos ante sociedades más violentas, la respuesta no pueda ser unívoca.

En la literatura política contemporánea, sin embargo –y sin atender con especificidad a nuestras sociedades (que en la literatura, en general, engrosan la lista de ejemplos de sociedades intrínsecamente violentas, sujetas a fenómenos que se quiere intemporales y enraizados por "magia" en nuestras geografías, como pueden ser la violencia política, el narcotráfico, la desigualdad económica y la violencia institucional)– hay un consenso en que estamos frente a ambas cosas respecto a la violencia. Por un lado, hay un consenso respecto a que estamos ante un sospechoso fenómeno de inflación discursiva, por cuanto se llama violencia a cosas que antes se designaban con palabras distintas.

---

71. Al respecto, ver Calveiro (2008).

LIBERTAD Y CUERPO

Por el otro, que hay un incremento de la violencia, en múltiples formas.[72] Adriana Cavarero (2009) menciona la existencia de un "horrorismo" contemporáneo, en el que la violencia se descarga aleatoriamente sobre cualquiera, como sucedió en los atentados terroristas al tren de Madrid, en 2006. Slavoj Zizek (2009) afirma que hay una "presencia universal" de la violencia, constitutiva de la globalización económica y, por tanto, de una violencia sistémica, que promueve el miedo al otro, cada vez más mezclado entre nosotres. Judith Butler (2020) habla de una "organización social de la violencia y del abandono", dada por la precarización masiva de condiciones de vida en el neoliberalismo y por el ataque a subjetividades no hegemónicas. Catherine MacKinnon (1991) piensa a la violencia como paradigma de las relaciones entre hombres y mujeres y, por tanto, de la violación como la verdad de la heterosexualidad. Se podría seguir citando, pero lo dicho sirve de ejemplo. En la literatura política se multiplican las calificaciones a las sociedades contemporáneas como paranoides, cruzadas por discursos de odio, producidas como representación y *target* de paquetes legislativos securitarios, que han elevado sin cesar las penas a los delitos desde, por lo menos, los años '90 (Pitch, 2014: 19-29). Se habla de sociedades cada vez más codificadas, protocolizadas y punitivas, en las que los espacios públicos se pueblan de víctimas y ser víctima es una forma legitimada de organización y de acción colectiva.

En nuestras sociedades latinoamericanas –ahora sí– la proliferación del término violencia es paradójico. Porque más que una proliferación, se trata de un *retorno* de un término que había sido exactamente el excluido de la escena política, en el proceso de democratización.[73] En la Argentina, al menos, la democracia

---

72. El término violencia tiene, además (si no se naturaliza), un carácter de apelación, que no portan los otros antes citados: señalar algo como violencia asume la forma de un llamado, de una convocatoria a que quién escucha pase a ser activo en rechazar lo que se señala. Por lo que denunciar violencia, muchas veces llama a la violencia, en un círculo.

73. Esto no es así en México, donde entiendo que la violencia estatal y paraestatal persisten de formas distintas pero continuas, a lo largo de las últimas décadas.

instaurada en los años '80 se sostuvo en un consenso entre los diversos actores en dejar atrás la violencia como modo de resolución de conflictos políticos. Se erigió así una polaridad excluyente que estructuró al imaginario político democrático: violencia o democracia. La violencia era una forma del pasado, una modalidad sobre la que había que dar vuelta la página, para dar lugar a la construcción de un espacio político en el todos los actores reconocieran como válidas, primero, las reglas del juego democrático y, segundo, el derecho del otro a existir como interlocutor, no sujeto a exterminio. Con el así llamado "consenso democrático" (quizá hoy en crisis) se dejaba atrás décadas de participación política a través de la violencia, ya sea en la forma de guerrillas, de proscripciones, de bombardeos, de lucha armada y de terrorismo estatal. Se dejaba atrás a la violencia como forma no sólo disponible, sino recurrente, esperable y masiva de politicidad.

Por eso, a 40 años de ese parteaguas de la exclusión imaginaria entre democracia y violencia, resulta tanto más impresionante el retorno de la alusión a la violencia en nuestras sociedades, como término que circula orondo en la descripción de lo social. Algo de su omnipresencia y de su libre circulación resulta chocante, una incógnita, un signo que debe interrogarse, el retorno de un fantasma que se quiso alejar demasiado rápido. Porque es cierto que no significa lo mismo la violencia política que la violencia atrapa-todo contemporánea, pero también es cierto que el término pretende hoy no sólo describir una variedad inusitada de fenómenos, sino también que lo hace como si con ello se hablara de un problema eminentemente político.

En lo que sigue, puntualizaré tres formas disímiles de abordar la violencia, en el pensamiento político contemporáneo y terminaré con un diagnóstico posible sobre la situación de violencia contemporánea, desde una perspectiva feminista.

La perspectiva culturalista de la violencia

Deudora de la obra de Georges Bataille y de Emile Durkheim, Sergio Tonkonoff presenta un análisis de la violencia en su relación constitutiva con la cultura. Entre violencia y cultura se daría una relación constitutiva, que Tonkonoff describe siguiendo la forma lacaniana de la *extimidad*: la violencia sería a la vez lo externo y lo íntimo de la cultura, su alteridad necesaria y (re) fundadora. Cuando la violencia irrumpe en la forma de transgresiones o de crímenes, esos actos muestran los bordes del orden simbólico y recuerdan las prohibiciones fundamentales de las que está hecha la cultura. Esas prohibiciones fundamentales no están determinadas de antemano, no tienen un contenido específico, sino que más bien son una forma, una posición de ley, una interdicción que debe llenarse con cierto contenido variable, para que el orden simbólico se erija como tal.

La violencia, por lo tanto, no puede tomarse como un hecho físico –pongamos, el uso de la fuerza sobre otro–. No es del orden de la descripción de hechos. Entre violencia y fuerza (que constituye su origen etimológico, por la palabra *vir*) hay una diferencia. La violencia es siempre algo sujeto a interpretación, algo que remite a marcos sociales y culturales de interpretación, no es aquello que sin más se describe. No se designa como violencia a lo mismo a lo largo del tiempo o entre una sociedad y otra. La violencia no es un hecho físico que pueda describirse con neutralidad valorativa por cualquier testigo, ni tampoco es violencia cualquier tipo de acción (como podría ser la presión de un cuerpo sobre otro), sino una irrupción traumática para un contexto cultural determinado, que le otorga sus marcos de significación. La violencia es, en principio, un significante vacío que precisa del contexto cultural dado para investirse de sentido.

Pero lejos de ser esto un relativismo que minimice el rol de la violencia, el análisis culturalista repone su carácter necesario e irreductible: la violencia no es algo descriptivo, sino un *polemos*, una interpretación social estructurante y conflictiva que tiene una función radicalmente política: la de designar los bordes y el afuera del orden simbólico y la de señalar quién habita o cruza el umbral hacia ese afuera y quién habita o se confirma en el adentro. La irrupción de la violencia es la ocasión del trazado de una frontera que es a la vez topológica e identitaria: ese acto denominado como violento traza un adentro y un afuera del orden simbólico, del conjunto de reglas y valores que hacen a ese contexto cultural y que le dan nervadura. Y designa a un agente señalado como criminal, como alteridad, como el Otro radical respecto del nosotros.

Por eso, la irrupción de lo que se designa socialmente como violencia es traumática y produce un estado de conmoción. Una conmoción material, que atañe a los cuerpos formados por ese orden simbólico. Una conmoción que revuelve la carne de los que encarnan ese orden simbólico y que los lleva a repeler la violencia. Designar algo como violento constituye un llamamiento a actuar en contra de la transgresión, a repelerla, lo que configura el nosotros de la identidad: nosotros, los que rechazamos el mal. Implica, es decir, una lógica de la identidad que presupone la dinámica de la guerra y de la exclusión. Como cuando John Locke habla, en el estado de naturaleza, de quien roba como alguien que con ese acto se demuestra a sí mismo perteneciente a otra especie y lo animaliza, diciendo que a partir de ese hecho puede ser tratado como un zorro o un león por nosotros, los humanos. Ese criminal es el chivo expiatorio de la especie, para volver a René Girard.

La violencia multitudiniza, afirma Tonkonoff. Lleva a conformar multitudes, que antes que multitudes (podemos objetar, desde el spinocismo), son bandas identitarias. Bandas en pie de guerra. La violencia quiebra la individualización y cual efecto dionisíaco, a la vez repele y encanta, lleva al rechazo y a la búsqueda de imitación, asquea y fascina. Produce un efecto de conmoción, de fusión y de (re)conocimiento. Pero no basado en el pensamiento lógico-argumentativo, sino en una interpelación identitaria y emocional, que atañe a las entrañas. En eso, la violencia coquetea con el mito, produce un estado de embriagamiento y una necesidad de salirse de él. Tiene un efecto performativo de lo social, o, en otras palabras, lo social le debe su forma.

Por eso, la interpretación culturalista de la violencia, no obstante no es un funcionalismo, no puede prescindir del todo de la función -pensamos-. La violencia tiene una función, una función estructurante, política. Casi se podría decir que su irrupción es, si no necesaria, inevitable. La sociedad necesita de esas apariciones que interpreta como violencia para, a partir de ellas, desatar un mecanismo que le vuelve a dar juntura, que la re-confirma y re-conforma: ante lo que se designa como violencia, se despliegan los dispositivos que encapsulan ese crimen y lo canalizan en los sentidos que permiten la continuidad del orden simbólico. Aparecen los poderes punitivos, los códigos morales, los tribunales y las legislaciones que castigan la transgresión, seleccionando entre las muchas transgresiones aquellas a las cuales darle sentido. No buscando una reparación punto por punto compensatoria sino una función simbólica, ejemplificadora. Si esto no se diera, la sociedad corre peligro de des-armarse.

La interpretación culturalista de la violencia tiene, sin dudas, una parte de verdad. En ella se congregan clásicos de nuestra forma incómoda de comprender la violencia: René Girard, Georges Bataille, el Nietzsche de lo apolíneo y lo dionisíaco, el Freud de *El malestar en la cultura*, la *Dialéctica de la Ilustración* de Adorno y Horkheimer, la Julia Kristeva de *Los poderes de la perversión*. Es una forma de pensar la violencia que tiene la virtud de no identificar la violencia con macroestructuras, sino focalizar en actos, en irrupciones, en crímenes, en hechos que son interpretables como tales y que, por lo tanto, preservan una forma (de guerra) de construir la identidad. Es decir, no difuminan el quién, que es lo que sucede cuando se designa como violencia a toda forma de lazo social o se la hace correr como agua en las estructuras sociales existentes. Sin embargo, su coqueteo con el mito no es solo una forma argumentativa, sino que da cuenta, sintomáticamente, de lo difícil que es al interior de la lectura culturalista de la violencia distinguir entre tiempos históricos, entre sociedades determinadas y analizar diferentes modalidades y patrones de ejercer violencia en tiempos y sociedades determinados. Es decir, la perspectiva culturalista de la violencia cae en una noche en que todos los gatos son pardos y las coyunturas distintas se relativizan frente a una violencia que asume la forma de vacío a llenar, suprahistórico y trans-social. Algo que se espera para confirmar lo que se sabe que va a venir, desde siempre ya.

Hannah Arendt sobre la violencia

Mientras la perspectiva culturalista condiciona la definición de violencia a su sobre-interpretación al interior de un marco social, Hannah Arendt parece emparentarla antes con el silencio y la mudez. La violencia está ligada a la reacción en la que la palabra se extingue o en la que ni siquiera media. Escribe Arendt en *Sobre la violencia*, de 1970:

> tanto en la vida privada como en la vida pública hay situaciones en que la rapidez propia de un acto violento puede ser el único remedio apropiado y en determinadas circunstancias la violencia –el actuar sin argumento ni palabra y sin tomar en cuenta las consecuencias– es la única manera de volver a equilibrar los platillos de la justicia. (1973: 163-164).

Responder con violencia a la injusticia pública o privada, saltar de rabia, romper con un acto de violencia la trama de la hipocresía de la palabra o de su cinismo, son, para Arendt, actos de violencia comprensibles. La característica es que, tanto en ellos, como cuando la violencia se erige como medio de dominación (como sucede en los campos de concentración), la palabra sale de escena; el argumento y el discurso se apagan. Éste es el carácter anti-político de la violencia para Arendt, si por política se entiende la acción colectiva de hombres y mujeres que están juntos en un espacio (lo que es igual al poder) y a su capacidad de hacer permanecer ese poder en instituciones que le den perdurabilidad. En tanto la violencia se asocia con la mudez y con el silencio, antes que con la palabra que circula en un espacio de acción en común, en un espacio político, la violencia tiene un componente anti-político y sólo puede ser marginal a la política. Esta es la diferencia entre poder y violencia que, para Arendt, bien vio Aristóteles, al caracterizar al humano como un ser dotado de habla y un ser político: dos dimensiones, el habla y la sociabilidad política, que se enlazan, que se solicitan mutuamente. Si domina la violencia, como en los campos de concentración, reina el silencio y la mudez, e incluso las leyes callan.

Sin embargo, la violencia no es un fenómeno natural para Arendt. No se reduce al golpe de puño que da alguien (pongamos el golpe que le da Billy Budd el marinero a quién lo acusa falsamente, en la novela de Melville) o al portazo. No es una energía física que se libera, una tensión emocional que irrumpe, una mera explosión de rabia. Cuando es así, la violencia muestra, antes, su parentesco con otro término que aparece en la constelación conceptual de la política: con la fuerza. La fuerza –el término que se suele utilizar como sinónimo de violencia–, debería restringirse para designar a la fuerza de las cosas o a las fuerzas de la naturaleza; esto es, a una energía "liberada por movimientos físicos o sociales", dice Arendt. La violencia, a diferencia de ella, es lo que acompaña a veces a una emoción como la rabia, si es que hay una ofensa a nuestro sentido de dignidad o de justicia. Por eso, la violencia, *en tanto reacción*, no obstante no sea un fenómeno del todo político, sino marginal a él, tampoco es del todo anti-político, porque no es bestial ni irracional. Dice Arendt:

> Es un lugar común el señalar que la violencia brota a menudo de la rabia y la rabia puede ser, desde luego, irracional y patológica, pero de la misma manera que puede serlo cualquier otro afecto humano. Es sin duda posible crear condiciones bajo las cuales los hombres sean deshumanizados –tales como los campos de concentración, la tortura y el hambre– pero esto no significa que esos hombres se tornen animales; y bajo tales condiciones, el más claro signo de deshumanización no es la rabia ni la violencia sino la evidente ausencia de ambas. La rabia no es en absoluto una reacción automática ante la miseria y el sufrimiento como tales; nadie reacciona con rabia ante una enfermedad incurable, ante un terremoto o, por lo que nos concierne, ante condiciones sociales que parecen incambiables. La rabia sólo brota allí donde existen razones para sospechar que podrían modificarse esas condiciones y no se modifican. Sólo reaccionamos con rabia cuando es ofendido nuestro sentido de la justicia. (1973: 285).

La violencia que acompaña a la rabia, indica entonces un sentido humano, un principio valorativo ofendido, una frustración o una ilusión de cambio social. No es cualquier violencia: no es la violencia de los campos de concentración, en donde ella es más bien un medio para la dominación, constituyéndose una dupla violencia-dominación, que da cuenta de otra fenomenología. Cuando la violencia se emparenta con la rabia y acompaña a un principio valorativo ofendido, a una frustración o a una esperanza de cambio, la violencia puede convivir con el poder, entendido como acción colectiva. Por eso, dice Arendt, "ni la violencia ni el poder son fenómenos naturales, es decir, una manifestación del proceso vital" (1973: 323). Violencia y poder "pertenecen a la esfera política de los asuntos humanos cuya cualidad esencialmente humana está garantizada por la facultad del hombre para la acción, por su capacidad de iniciar algo nuevo" (1973: 182).

Por eso, en un texto como éste, que comienza trazando una polaridad excluyente entre violencia y poder, la polaridad empieza a hacerse más tenue conforme va desarrollándose el argumento. Al inicio del texto la violencia aparece como lo opuesto del poder. Las muestras de esa oposición son muchas: la violencia se acrecienta cuando el poder disminuye; la violencia puede suplantar al poder pero no crearlo; el poder emerge de la acción conjunta de los hombres y las mujeres y depende del número mientras que la violencia, en tanto implica instrumentos, podría ejercerse incluso sólo por uno (quien tiene las armas).[74] Dice Arendt: "No alcanza con decir que poder y violencia no son lo mismo. Poder y violencia son contrarios; donde uno gobierna en forma absoluta, el otro está ausente" (1973: 157-158).

Pero, al correr del texto, y con la postulación de duplas fenomenológicas como violencia-rabia; la polaridad entre violencia y poder se hace más tenue, más difícil de trazar salvo en estado puro. Porque la violencia, paradójicamente, es un tipo de acción.[75] O sea, no es sólo una re-acción, sino un tipo de acción, y por tanto comparte con la acción las características que Arendt le otorga: imprevisibilidad, irreversibilidad, capacidad de iniciar algo nuevo en el mundo. La violencia, en tanto tipo de acción, comparte con ella (paradójicamente y en tanto es acción y no puro dominio técnico), su fragilidad, su carácter cada vez más exiguo en la modernidad política. Así como la modernidad política acota las posibilidades de aparición de la acción y, por tanto, restringe la posibilidad del poder y de la política, en favor de la imperio de la fabricación; así como la modernidad política favorece la conformación del *animal laborans* en detrimento del hombre y de la mujer libres, la violencia en tanto que acción se hace fugaz. La violencia en tanto que acción, reiteramos –pero no así

---

74. "La forma extrema de poder es Todos contra Uno, la forma extrema de la violencia es Uno contra Todos" (1973: 144).
75. Sigo, desviándome, el texto de Hilb (2001: 11-44).

LIBERTAD Y CUERPO

la violencia, en lo que tiene de fabricación, de instrumento y de dominio técnico–.

El texto, de hecho, comienza dando cuenta de la imposibilidad de desatar una violencia que no acabe en la absoluta destrucción del planeta, dado el desarrollo del complejo militar y de la industria armamentística, de la que da cuenta la bomba atómica. Algo similar había expuesto Karl Jaspers (1961). La violencia parece tener varias caras, una que la enmarca más como tipo de acción, y como tal, la violencia puede cambiar el mundo, como puede hacerlo la acción;[76] y otra que la enmarca más en la fabricación, en su carácter de medio para un fin, de instrumento que, sin embargo, no puede controlarse por el agente que la inicia. No son caras paralelas, sino intensidades, perfiles que se imbrican. En esta segunda faceta, la violencia comparte el historial que muestra el pensamiento político moderno: el haber asociado al poder con la dominación y la violencia, conformando un pastiche de términos indistinguibles y favoreciendo a la instrumentalización del mundo, en detrimento de la acción y de la libertad.

La violencia aparece así, en el texto, desplegada en múltiples facetas, que por momentos resultan contradictorias, paradójicas, interesantísimas. No hay *una* violencia, hay muchas formas de abordarla, hay muchas fenomenologías posibles. No hay una crítica moralista a la violencia. No hay una exclusión tajante entre violencia y poder, ni entre violencia y política. No hay un intento de erradicarla del mundo común. Por el contrario, en alguna de sus facetas –en la de la violencia como tipo de acción–, ella parece dar cuenta de una forma humana de reaccionar ante la injusticia, de una forma frágil de libertad o de liberación, tan acechada como la acción en general, en la modernidad de la instrumentalización.

La violencia, cuando acompaña la rabia, parece decir Arendt, es comprensible. Pero, parece agregar, si esa rabia llegara a organizarse como violencia y si esa violencia se hiciera sistemática, ahí sí empezarían los problemas. Porque la violencia es tanto más racional cuando menos racionalizada, afirma. Podríamos traducir, hipotetizando, que para Arendt la violencia es tanto más

---

76. "La violencia, como toda acción, cambia el mundo", sostiene Arendt (1973: 180).

racional cuanto menos organizada en el tiempo, cuanto menos sistemática, cuanto menos extendida.[77] Arendt parece decir que la violencia es tanto menos irracional cuando más se acerque a ser una reacción que no pueda extenderse en el tiempo. Y esto probablemente dé cuenta del contexto en el que escribe y del espíritu conservador con el que Arendt responde a los movimientos de descolonización (o mejor, a la relectura sartreana de F. Fanon, que no es lo mismo) y a los movimientos antirracistas.

El texto *Sobre la violencia* probablemente no pueda leerse solo. Tal vez deba leerse en conjunto con *Sobre la revolución*, escrito siete años antes, en 1963, y con *La condición humana*, de 1958.[78] Seguramente deba leerse también en su contexto de escritura, que se cuela sin parar en la letra de Arendt. Su contexto de escritura es el de las luchas por los movimientos civiles en los Estados Unidos y las protestas contra la guerra de Vietnam, muy presentes en los *campus* universitarios. Con mayor precisión, es el contexto de la radicalización de esos movimientos, que se da desde

---

77. Al respecto, dice C. Hilb, enfatizando al espectador como intérprete necesario de la violencia (y en este sentido, la violencia también es interpretada, sobre todo por el espectador): "Pero, señalamos, hay una segunda limitación a la racionalidad de la violencia: para ser racional ésta debe ser reacción de la rabia ante la injusticia, y no ser convertida en una acción deliberada con fines específicos: 'esta reacción violenta', afirma Arendt, '...pierde su *raison d'être* cuando intenta desarrollar una estrategia propia con fines específicos; se torna irracional en el momento en que es racionalizada' (Arendt, 1970: 66 [166]). La eficacia de la violencia no puede ser objeto de cálculo: su racionalización la torna irracional. Parecería que para conservar las propiedades que Arendt le atribuye –su racionalidad, su justificación– fuera preciso que la violencia se mantuviera en el registro de la reacción muda que se eleva allí donde no hay lugar para la palabra. Si esto es así, nuevamente, sólo la violencia reactiva, de efecto inmediato e inspirada por la rabia, puede ser considerada racional. Sólo la violencia puramente reactiva escapa plenamente a la racionalización. Esto significaría que su racionalidad no puede ser determinada por el actor –en ese caso ya estaría siendo racionalizada– sino sólo por el espectador" (Hilb, 2001: 23).

78. G. Rodríguez Rial propone leer la violencia desde otro prisma, en relación al tratamiento de la felicidad pública como sinónimo de una libertad que no es voluntad de dominación, tal como la analiza H. Arendt en el capítulo 3 de *Sobre la revolución*.

LIBERTAD Y CUERPO

la mitad de los años '60, con el asesinato de Malcolm X, en 1965, con la fundación del movimiento Panteras Negras, en 1966, con el asesinato de Martin Luther King, en 1968, con la creciente frustración con las modalidades no-violentas que se venían desarrollando y la adopción de formas violentas de acción política.[79] El asesinato de Martin Luther King es particularmente conmocionante, porque desde mitad de los años '50 viene liderando el movimiento desde un discurso pacifista de la desobediencia civil, deudor de Mahatma Gandhi.[80] Desde el boicot al bus de Montgomery de 1955, a la acción colectiva de Birmingham de 1963, a las protestas de Chicago de 1966, King define la modalidad de las luchas por los movimientos civiles en los Estados Unidos y su influencia va más allá de cuestiones raciales. En 1969, James Forman, antes secretario general del Comité Estudiantil No Violento (SCNN), presentó públicamente su Manifiesto Negro en la Iglesia *Riverside Church* de Nueva York, interrumpiendo el servicio en el que no le habían permitido hablar. En ese manifiesto reclamó la indemnización de las iglesias y sinagogas por la colaboración en el racismo nacional y proclamó la búsqueda de poder negro a través de medios violentos, como manera de construir una patria socialista en los Estados Unidos. Un año después, Arendt, que había apoyado explícitamente la desobediencia civil, publicó *Sobre la violencia*, enfatizando que una política libre no es una política de representación de intereses,[81] aún cuando ellos sean los anti-

---

79. Al respecto, ver el capítulo 6 de Ashcroft (2021).
80. Al respecto de M. Gandhi y M. Luther King ver el capítulo 1 de Nussbaum (2014).
81. Escribe Ashcroft: "Arendt was unreservedly appalled by the militant protest movements that emerged at the middle of the decade. Forman's manifesto for her exemplified a kind of violent anti-politics that was illegitimate and potentially catastrophic. To determine political conflict as a conflict of racial or biological difference, as she argued Forman did, is to root political conflict in interests. Interest-based politics, based on natural and therefore insuperable differences, tends toward a cycle of violence because no consensus can emerge from groups that distinguish themselves in terms of their differences. 'Racism, white or black, is fraught with violence by definition', she claimed, 'because it objects to natural organic facts –a white or black skin– which no persuasion or power could change; all one

rracistas y condenando –si aquí la leemos bien– la organización sistemática de la rabia por "irracional".[82]

Sin embargo, el texto de Arendt dista de ser reducible solo a ese contexto y, por lo tanto, tildado como un texto conservador. Más bien, parece un texto que tiene mucho para decir frente a la omnipresencia actual de la alusión a la violencia y su identificación con macroestructuras. Porque si la violencia permea todas las relaciones, se sigue en la estela moderna que identifica al poder con la dominación y a ella, en último término, con la violencia: esa estela de pensamiento político contribuye a la asfixia del mundo contemporáneo en la que la acción es cada vez menos posible, porque lo que reina es la fabricación.

Arendt permite hacer una crítica política y no solo moral de la violencia, una crítica moral que, por otro lado, deja intacta la estructura medio-fin de la contemporaneidad. En eso, paradójicamente, la violencia aparece como una reacción posible, frágil, tanto como la acción. Una reacción humana.

Judith Butler sobre la violencia

Ya en las primeras páginas de la introducción del libro *La fuerza de la no violencia*, publicado en 2020, J. Butler comienza reinsertando el acto de violencia singular en un marco general. Dice allí:

> En efecto, la figura del golpe ha organizado de manera tácita algunos de los debates principales sobre la violencia, y sugiere que es algo que sucede entre dos actores en un enfrentamiento enardecido. Sin discutir la violencia del golpe físico, se puede sin embargo insistir en que las estructuras o los sistemas sociales, incluido el racismo sistémico,

---

can do, when the chips are down, is to exterminate their bearers'" (Ashcroft, 2021: 182).

82. "La violencia, siendo instrumental por naturaleza, es racional en la medida en que resulte efectiva para alcanzar el fin que debe justificarla. Pero como cuando actuamos nunca conocemos con certeza las consecuencias eventuales de lo que hacemos la violencia sólo puede ser racional si persigue fines de corto plazo" (Arendt, 1973: 179).

son violentos. Efectivamente, en ocasiones el golpe físico a la cabeza o el cuerpo es una expresión de la violencia sistémica, y en ese punto hay que poder entender la relación de ese acto con la estructura o el sistema. ... Y se necesita encontrar contextos más abarcadores que aquellos que se basan en dos figuras, una que golpea y otra que recibe el golpe. (2020: 14).

Si tenemos en cuenta que el ejemplo privilegiado de violencia comprensible, para H. Arendt, en *Sobre la violencia*, era el golpe de puño de Billy Budd a Claggart en la novela de ficción de H. Melville, es como si Butler le respondiera: pongamos ejemplos reales, no de ficción, y enmarquemos ese golpe en una estructura social que le dé sentido. Pero, agregaría Butler –y es importante–, que nuestra forma de pensar la violencia estructural nos permita explicar *también* el golpe singular y no dejarlo como un mero ejemplo intercambiable.

Butler plantea actuar contra la violencia, comprendida como una *vivencia* omnipresente en la cotidianeidad, partiendo desde una comprensión del par violencia y no-violencia, al interior de marcos sociales de significación. Propongo llamar vivencia a la violencia, una vivencia ineludible en el contexto contemporáneo, por estructural. La violencia y la no violencia, para Butler, no se dejan definir en abstracto, ni de una vez para siempre, sino que son siempre interpretables. Saber a qué se llama violencia y cómo incluso esa acusación puede utilizarse estratégicamente, particularmente por los Estados, es central para poder pensar en erigir formas de intervención no violentas, tal su propuesta. Dice Butler:

...la violencia siempre se interpreta. Esta tesis no significa que la violencia sea solo una interpretación, caso en el que la interpretación consiste en un modo subjetivo y arbitrario de nombrar. Más bien la violencia se interpreta en el sentido de que se presenta dentro de marcos que a veces son inconmensurables o contradictorios... Estabilizar una definición de la violencia depende menos de una enumeración de sus instancias que de una conceptualización que pueda tener en cuenta sus oscilaciones dentro de marcos políticos contradictorios. (2020: 28).

No obstante no puede definirse qué sería la violencia, de una vez y para siempre, el marco ontológico del que Butler parte traza una orientación para señalarla. Porque ella parte de la necesidad teórica de deconstruir el punto de vista individualista, para dar lugar a la afirmación de que vivimos y somos construides por relaciones interpersonales, por dependencias constitutivas, que no se dan al inicio de la vida –cuando bebés–, o al final –cuando viejes–, o en situaciones de enfermedad, sino siempre, con mayor o menor intensidad. Es decir, no partimos de la dependencia, en tanto cuerpos arrojados a otros para su subsistencia, para llegar a ser independientes cuando dejamos esa tutela. Vivimos en dependencias mayores o menores de otres, que son constitutivas y que acompañan la vida biográfica, si es que esa vida es vivible.

Por eso, Butler propone conceptualizar a la violencia como aquello que destruye esos lazos de múltiple dependencia, aumentando el aislamiento, propiciando la imagen del individuo solipsista, solo sostenido por sus propios pies y luchando con sus propias armas. La violencia serían aquellas acciones, estructuras e instituciones que atentan contra la interdependencia estructural, que desgarran y rompen los lazos sociales constitutivos, que exponen desigualmente a una mayor vulnerabilidad. Que dejan expuestos y aumentan la intemperie social. Cito:

> ...podemos sostener en general que la interdependencia social caracteriza a la vida, y entonces proceder a explicar la violencia como un ataque contra esa interdependencia, un ataque contra personas, sí, pero quizá, de manera más fundamental, es un ataque contra "vínculos". ... el trato igualitario no es posible fuera de una organización social de la vida en la cual los recursos materiales, la distribución de los alimentos, la vivienda, el empleo y la infraestructura busquen procurar las condiciones igualitarias de habitabilidad. (Butler, 2020: 30).

Por eso, afirma Butler, la violencia es otra manera de llamar a la producción de desigualdad, a la destrucción de las condiciones de habilitabilidad conjuntas y a la producción de una diferencia o de una negación al derecho igualitario a duelar las vidas. Un derecho que no comienza a la hora de la muerte, sino que se da antes, al producir la violencia muertos sociales, seres sin reconocimiento ni visibilidad, cuyas vidas no tienen validez.

Si la violencia es una forma de producir desigualdad, la no-violencia es definida por Butler como un tipo de acción constante y posiblemente agresiva, que implica un compromiso con la igualdad. No es solo interponer un obstáculo a la violencia, una interferencia, sino una acción en la que se pone el cuerpo para producir activamente igualdad. Los ejemplos son extraídos de la lucha por los derechos civiles en los Estados Unidos, pero también se hace referencia a M. Gandhi y a las luchas por el derecho a la expresión en Turquía de los últimos años. La no-violencia aparece como una acción, una lucha en curso, pero también como un ideal, que no siempre puede realizarse.

La fuerza de la no-violencia rechaza asimismo aceptar la lógica instrumental de la violencia, tal como lo quiso W. Benjamin. La pregunta que Butler repone de Benjamin es por qué se acepta la lógica que hace de la violencia un medio para un fin, como si esa misma aceptación no supusiera que el instrumento violento puede terminar utilizando a quien cree ser su controlador. Es una especie de propuesta a salirse del cálculo en el campo político, a salirse de la política como estrategia, como acción calculada y contable, como supuesta acción racional, en la que ninguna violencia debe quedar incontestada.

El punto de partida de Butler es también la de una teoría corporal. El cuerpo aparece central en la reelaboración de una teoría de la resistencia activa, como es ésta, deudora del psicoanálisis pero también de la individualidad de Spinoza y del reconocimiento de Hegel. Pararse en el cuerpo permite salirse de la individualidad, entendida como la afirmación de un yo que debe buscar la autodefensa, que sabe de sus límites corporales, que cree que esa autodefensa iguala a los yo existentes. El cuerpo siempre pone en situación de estar entregado a otros, mezclado con otros, con límites indefinibles de antemano entre los cuerpos de esos otros y el propio. Esa situación implica aceptar la ambivalencia de los lazos constitutivos, que también están habitados por el conflicto y el potencial de (auto)destrucción. La fuerza de la no-violencia se evidencia así como una praxis del cuidado intercorporal, del resguardo de la vulnerabilidad constitutiva del enjambre que somos. Y, como bien apunta la autora, se enfrenta al escepticismo de su aplicabilidad, porque para aplicarse, precisa de la anuencia de otros y de la renuncia a sus marcos de acción existentes. La fuerza de la no-violencia parece centrarse en encontrar ciertas líneas de fuga, espacios de resistencia, de acción y discurso, en medio de una violencia creciente. Tiene como primer paso el decodificar las modalidades actuales de ejercicio de la violencia, para poder ver cómo rebatirlas con una acción colectiva, no de contraviolencia, sino de fortaleza de animo, que surge de evitar devolver la violencia con ira, rabia y tristeza y así propiciar el ojo por ojo y el diente por diente. Implica formas globales de articulación colectiva y de atención a lo singular geográfico y cultural –esto es, son acciones que exigen anclarse en su situacionalidad, para no tornarse normativas o abstractas–.

Butler no elabora un mero planteo teórico sobre la violencia. En un libro prudente y cuidado como éste, la autora da cuenta que sabe por quién es leída: mayormente por activistas feministas, que ven en sus textos líneas para orientarse en la acción. Butler inscribe al feminismo dentro de una estela de luchas, tejiendo una línea de continuidad con el movimiento de los derechos civiles en los Estados Unidos –un ejemplo exitoso de no violencia, que, como vimos, también tuvo su momento de violencia–. Traza una genealogía de las luchas, pero también una temporalidad, una *praxis* a mediano y largo plazo.

Su identificación entre poder, violencia y dominación, sin embargo, para volver a la tajante crítica de Arendt, conlleva la necesidad de focalizar en las continuidades y diferencias entre estructuras violentas de distinto tipo, como pueden ser el sexismo y el racismo. ¿Puede el sexismo y el racismo leerse en analogía? ¿Alcanza con apelar a la interseccionalidad de ambas violencias? Definir a esas macroestructuras como violentas, ¿no deja a la no-violencia como la única opción posible y la hace previsible de antemano, al menos teóricamente? Que la no-violencia sea la salida privilegiada, ¿es un mero reconocimiento de la imposibilidad de hacer otra cosa, dado el desarrollo técnico y armamentístico existente, que supone la posibilidad cierta de la destrucción, o es un silogismo al que obliga el propio marco teórico, basado en la intercorporalidad y la interdependencia?

Conclusión. Alteridad y denegación

En un contexto de derechas autoritarias crecientes, cuyo quizá único punto en común sea el rechazo a los feminismos o su utilización domesticante, pensar la violencia es prioritario. Pensar sus formas de ejercicio, los modos de nombrarla o sugerirla y los límites que (nos) imponen esos modos de representarla y evocarla. Pensar cómo contrarrestarla y (no) ejercerla. Pensar, a fin de cuentas, cómo no nos tiramos un tiro en el pie, al traerla al ruedo (para decirlo claro y con las imágenes de nuestras lenguas, sedimentadas de violencia).

Plantearé en lo que sigue una hipótesis posible: la violencia supone una relación con la alteridad, de pretensión de negación última de su existencia, de erosión de sus condiciones de vida.[83] Sade podría ponerse como caso extremo de una concepción así de violencia, como la que proponemos, en tanto pretensión de unidad en la identidad y de daño o eliminación de toda alteridad, en favor del propio goce. Pensar la violencia en su relación de *tensión con la alteridad* es importante, porque evita el pastiche de términos, permitiendo distinguir entre dominación y actos de violencia. Evita también que la violencia sea sin más equivalente a macroestructuras. En otras palabras, pensar la violencia en su relación de *tensión con la alteridad* permite distinguir entre estructuras violentas –el racismo, el sexismo, la desigualdad– y hechos de violencia concretos, que no pueden exculparse, aunque estén inmersos en ellas.

Pretendemos representar a la violencia como aquello que pretende eliminar la alteridad y erosionar sus condiciones de existencia. Étienne Balibar (2015) da una definición similar, en la primera conferencia de su libro *Violence and Civility*: "la violencia consiste en cruzar límites" –escribe–, en transgredir las fronteras o barreras, protecciones, prohibiciones y límites del

---

83. Algo de esto aparece en las interpretaciones de la violencia que hemos trabajado, aunque con aristas distintas: la alteridad sería necesaria y por lo tanto, no eliminable en tanto función, en la perspectiva culturalista; la alteridad es constitutiva del pensamiento de Arendt, inscrita en la pluralidad; la perspectiva de la intercorporalidad dificulta la representación de una alteridad absoluta, en Butler.

"sí".[84] Pero, para ello, la alteridad debe ser antes enunciada como tal, en un proceso de identificación que también es autolimitante y formador de la identidad de quién designa. Un proceso que supone a lo político, entendido como un proceso de designación, de nominación, de distinción y de institución: lo mío y lo tuyo; uno y otro; lo bueno y lo malo.[85] La definición de la alteridad supone a lo político, como posibilidad de distinción pública y compartida de significados, que se ponen en disputa en reiteradas formas y que se redefinen, pero siempre bajo un marco que es el que resguarda la institución. En otras palabras: para poder transgredir límites, antes hay que poder trazarlos. Claro que estas designaciones también son un modo de ejercicio de la violencia, pero es la violencia de su autoridad la que permite la gestión y la contención de las disputas. Es decir, la violencia de la designación que instituye es una violencia tal que modera a la violencia (y que la deniega como tal, en sucesivos procesos de institución violenta de significados públicos y de denegación de esa violencia).

Nuestra concepción de lo político en la modernidad, como dirá É. Balibar, surge de la representación de la posibilidad de que la política o bien *excluya* a la violencia en el momento de su institución (la representación del estado de naturaleza hobbesiano como una violencia de todos contra todos, de la cual "debemos salir", por citar una imagen estereotípica), o bien *la conserve latente* pero moderada, canalizada, reprimida (el derecho natural que permanece latente y que puede transformarse en derecho de guerra, en Spinoza, por ejemplo). Quienes estamos socializados en esta forma política moderna pensamos que la política puede ser aquello que unifique y distribuya la violencia; esto es, que la torne de algún modo maleable, contenida y gestionable. La violencia, en nuestra representación política moderna, es reducible, contenible, moderable. No podemos pensar, por el contrario, una

---

84. Balibar propone la lectura en conjunto de su conferencia con dos textos, que aquí sólo consigno: Derrida (1978) y el de Catherine Malabou (1990). Le agradezco a Cuauhtémoc Gómez Calderón por la indicación de este texto.

85. Balibar (2015: 2) distingue entre la política y lo político, entendido como "el orden autónomo de la política", o el ordenamiento que posibilita su existencia.

situación en la que la violencia arrincone absolutamente a lo político y que se expanda sin control, más que como una situación excepcional, de la que *debemos salir*: una guerra, una guerra civil, una revolución, algo que vuelve a generar las condiciones de la imbricación entre la política y la violencia gestionable. Algo que vuelve a trazar al línea entre la política y una violencia, de algún modo, bajo control.

Quizá éste sea exactamente el "déficit" de la situación contemporánea: estamos ante una dilución de la posibilidad de lo político, como ejercicio de institución que unifique y distribuya los flujos de violencia. Estamos ante una retirada de la autoridad, que no deja un mundo más armónico, sin uno cada vez más impredecible, conformado por actores múltiples que pueden ejercer violencias inmoderadas, sin una dinámica que ofrezca una contraviolencia o, al decir de Balibar, una antiviolencia, tal como conocíamos a lo político.[86] Por eso, estamos en una situación de "no saber cómo salir de la violencia", que resulta un escenario no elegible para muches, en contextos de estatalidades cada vez más desbordadas por dinámicas que impiden hacer promesas futuras de orden: crimen organizado a nivel global, migraciones crecientes, financiarización completa de la vida, feminización de la fuerza de trabajo, una reiterada acumulación originaria[87] y

---

86. Balibar lee (y eso mismo intento hacer aquí) a la política no sólo como continuidad de la violencia o de empleo de contraviolencia, sino también conteniendo un momento de antiviolencia, de negación que impida su circularidad y diseminación.

87. Siguiendo a Sandro Mezzadra, la acumulación originaria no es un momento histórico, sucedido de una vez y para siempre, sino "un dispositivo permanente, una operación que debe necesariamente ser reiterada para garantizar las condiciones de subsistencia del capital mismo". Este dispositivo es acompañado por "un proceso de refeudalización y refamiliarización de las relaciones sociales", que se traducen en crecientes obstáculos a las migraciones de población, militarización de fronteras y ciudades, revalorización del modelo de familia y nueva división entre la esfera de la producción y la esfera de la reproducción. A esto se suma la valorización de procesos extractivos, combinados con circuitos libres de financiarización, a escala trasnacional. Al respecto, ver Gago, Montanelli y otras (2018).

creciente endeudamiento, nacional y privado.[88] Mucho más, en nuestros países latinoamericanos.

De la violencia actual, omnipresente, no sabemos cómo salir. No sabemos quién pudiera unificar su flujo y distribuirla moderadamente. No sabemos si puede seguir siendo maleable por alguna forma de lo político, ante nuestras estatalidades en crisis, ante nuestra crisis económica y laboral de largo alcance, ante la reestructuración de los límites entre lo público y lo privado. Si lo político, como designación pública de significados comunes, está en retirada: ¿a quién pedirle que pare la violencia? ¿a estos Estados desbordados por actores con tanto mayor armamento, presupuesto y logística que ellos? ¿Y si no se le pide a los Esta-

---

88. Le llamo "feminización de la fuerza de trabajo", siguiendo a Marina Montanelli, no solo al proceso de incorporación masiva de mujeres al mercado de trabajo, sino sobre todo al "hacer extensivo a toda la fuerza de trabajo rasgos que históricamente han caracterizado al trabajo femenino, es decir, la obligación de la plena disponibilidad de tiempo, la intermitencia, la gratuidad laboral". Por otro lado, se entiende por feminización una "modalidad específica de explotación que pone a trabajar a las subjetividades en sí mismas, los estilos y formas de vida, las aptitudes lingüísticas, afectivas, relacionales". Es decir, para seguir la lectura de A. Negri y M. Hardt de los *Grundrisse* de K. Marx, la esfera de la reproducción se vuelve inmediatamente productiva, pero se encuentra o bien no paga, o paga inadecuadamente (porque su paga es invalorizable o cuestiona la valorización). Esta feminización de la fuerza de trabajo (que en A. Mbembe puede ser leída como el devenir negro del mundo), produce una nueva fragmentación y segmentación de la fuerza de trabajo y una nueva división internacional del trabajo, reservando el lugar de cuidado en general para mujeres migrantes, con elevada tasa de informalidad, invisibilidad y explotación. Toma como punto de partida la indistinción entre trabajo y no trabajo. Es un neoservilismo (que incluso reproduce las líneas de división geográfica colonial), pero también, una revalorización de las *soft skills* en las empresas, fundaciones y en la política (*pinkwashing*). La feminización del trabajo no se ve cuestionada sino reforzada por la crisis contemporánea. La crisis contemporánea, al recortar el gasto público, desinvertir en servicios y ponerle género a la pobreza y la desocupación, restringe nuevamente las mujeres a las casas, descarga sobre ellas los costos de la reproducción social y les hace tomar trabajos intermitentes y precarios. Este es el "nuevo cercamiento", o la renovación del contrato sexual, sin que haya consentimiento. Ver Gago, Montanelli y otras (2018).

dos, a quién? ¿Quién pudiera ofrecer garantías de respuesta ante una demanda así y, sobre todo, de garantías de existencia a una alteridad que sea confrontativa incluso a esas mismas estatalidades?

Ante este escenario, un modo precario, limitadísimo, de empezar a salir de la omnipresencia de la violencia, al menos en términos discursivos, es la necesidad de empezar a usar otras palabras, en términos políticos. Por ejemplo, la violencia difiere del conflicto y hay que distinguirlos.[89] El conflicto precisa de la alteridad para sostenerse, porque sin alteridad, no hay conflicto. La violencia, en cambio, pretende en última instancia la eliminación de la alteridad. Denunciar violencia en público, como por ejemplo hacen los feminismos, ciertamente sirve para evidenciar la interseccionalidad, la imbricación y la sobre-determinación de las discriminaciones, su entrecruce y reforzamiento.[90] Sirve también para privilegiar la instancia de la acción, porque esa es la coyuntura en la que estamos. Pero la inflación del término violencia, utilizado para describir todo lazo social dentro de una estructura de poder –pongamos, el sexismo– hace difícil distinguir qué finalmente es violencia y qué no, salvo por diferencias de intensidades: casi toda expresión de lazos heteronormados lo sería. Esto pone a todos los lazos sociales bajo sospecha y genera que muchos conflictos se tapen, dada la imbricación entre esa denuncia omnipresente de violencia y los poderes judiciales. Es decir, la denuncia omnipresente de violencia hace que todas las relaciones sociales conflictivas puedan ser *judicializables*. Y eso muchas veces no reduce, sino que incrementa la violencia, porque ¿por qué no sería violencia también la forma de resolución de conflictos de los poderes judiciales, tan ligadas a la desigualdad de recursos materiales y simbólicos, mucho más en nuestras sociedades latinoamericanas? La imbricación entre la omnipresencia de la referencia a la violencia y la judicialización y/o protocolización de la vida merece interrogarse, en sus costos y beneficios.

---

89. Al respecto, ver Schulman (2023).
90. Para una lectura alternativa del concepto de interseccionalidad, ver Falquet (2022). Agradezco esta indicación a Mariela Oliva.

Además, identificar violencia y dominación, como surge de identificar violencia y macroestructuras, lleva a que la crítica a la violencia sea mayormente moral y no política. Dificulta distinguir entre distintas formas de dominio, entre modalidades de ejercicio de la violencia y pone todo en la misma bolsa. La misma institución de la moneda, frágil como son las nuestras, de países dependientes y en contextos inflacionarios altos (como los de la Argentina en este momento), puede describirse como violencia –es, de hecho, violencia, siguiendo la lectura de M. Aglietta y de las teorías institucionalistas de la economía (Aglietta y Orléan, 1990)–. Pero ¿cómo se hace para minimizarla, una vez reconocida su libre circulación y su omnipresencia? ¿Cómo se hace para parar el flujo de reversibilidad que tiene la violencia, una vez definida como de libre circulación, cual una moneda?

La violencia aparece como elemento central de la crítica contemporánea, y su tratamiento va desde estrategias de visibilización, hasta el "imperativo" (no siempre realizable) de la no-violencia, al decir de Butler. Pensar cómo afinar las palabras que usamos y que performatean el mundo que habitamos y que queremos reformar es una tarea práctica urgente, para no estrechar aun más los desfiladeros por los que caminamos. Pensar cómo los feminismos pueden contribuir a fortalecer la lógica entre lo político y la violencia –esto es, cómo pueden construir nuevos significados públicos compartidos, antes que incrementar las demandas de punición en un contexto de significados cada vez menos compartidos– es un desafío pendiente.

Que quede claro: no se trata de dejar de denunciar la violencia, ni de exigir su castigo. Tampoco se trata de que el quién se diluya en la atribución inmediata y esencialista de violencia a un género determinado; o que ese quién no pueda pensarse también como víctima y efecto de otras violencias, desigualdades, discriminaciones y opresiones. Se trata de reponer el movimiento político que instituía con violencia ciertos límites y, luego, ponía a andar mecanismos de denegación de esa violencia instituida, para que los significados en común tengan alguna durabilidad en el tiempo. Solo entonces la transgresión ocurrida podía designarse como transgresión excepcional y no como la normalidad del estado de cosas.

CAPÍTULO V

La libertad en el cuerpo.
Límite, negación y pausa en Spinoza[91]

En un escrito de los años '60, Stuart Hampshire afirma, como al pasar, que en esos años se podría por fin comprender qué concepción de libertad habría tenido Spinoza (Hampshire, 1973). La frase coloca a la libertad no como un concepto intemporal, sino, por el contrario, como algo que se develaría *en el tiempo*: que podría comprenderse en algunas épocas, en detrimento de otras; que podría darse (o no) de algunas maneras, en ciertos tiempos, y de otras, en otros. Hampshire señala al psicoanálisis como la llave de esa intelección oportuna. El psicoanálisis –en particular el trabajo de interpretación sobre Freud–, permitiría abrir un significado antes no disponible sobre la libertad, en el holandés.

Más de sesenta años después de esa afirmación de Hampshire, ella sigue siendo verdadera. La libertad es una cuestión que no se clausura *en la letra* de la obra de Spinoza, sino que se ofrece, primero, como un desafío de lectura para las interpreta-

---

91. Partes de este texto fueron leídas en el Tercer Coloquio Internacional Spinoza de México, en octubre de 2024 y en el XIX Coloquio Internacional Spinoza de Villa Giardino, Argentina, en diciembre del mismo año. En ambos casos, se publicarán en actas. Agradezco en especial los comentarios que enriquecieron el argumento por parte de Diego Tatián, Mauricio Ferolla, Sebastián Torres, Mariana de Gainza, Mariela Oliva, Cuauhtémoc Gómez Calderón, Francisco Rivera, Luis Ramos Alarcón y Guillermo Ricca.

ciones (esto es: que las pone a prueba, las clasifica y las divide) y, luego, como una hendidura en la obra, por donde se cuela el tiempo. La libertad aparece como una cuestión abierta al tiempo, algo inclausurable en una definición. Como algo que, pasada la primera referencia que Spinoza ofrece, en la primera parte de la *Ética*[92] y destinada a Dios, multiplica los sentidos posibles de su interpretación, como si fuesen capas de hojaldre debajo de ese primer barniz.

Las interpretaciones sobre qué concepción de libertad habría tenido Spinoza son numerosas y repiten maneras de comprenderla.[93] En general, se parte de reconocer a Spinoza como un pensador de la libertad. En esto hay acuerdo al interior del spinozismo (así como hay desacuerdo al exterior, donde Spinoza aparece siempre bajo el mote de "determinismo" y esto resultaría excluyente con las maneras usuales de imaginar la libertad). Spinoza, para el spinozismo, es alguien que habría incluso cifrado a lo político como el campo que debía promover la libertad y que habría pensado formas de experimentarla *en y más allá* de ese campo político. De ahí las referencias elogiosas a Maquiavelo, las tomas de distancia respecto de la transferencia o delegación del derecho natural y la concepción de soberanía no derivada de un originario acto jurídico, de un contrato, sino como una práctica de participación política popular, cuyo intríngulis es la duración (y, por ende, la resistencia y hasta la insistencia).

Pero este reconocimiento de Spinoza como pensador de la libertad, tan celebrado y, a la vez, tan disputado, no torna sin embargo unívoco qué se comprende por libertad en su obra. Incluso, cuando se la aborda, se cae en premisas que se critican abiertamente en otros puntos de la interpretación de sus textos, como el intelectualismo, el racionalismo, el individualismo y el sexismo.

---

92. *Ética* I, definición 7 (que analizaré a continuación).

93. No obstante la centralidad del tema de la libertad en Spinoza (un tópico que se repite en toda la obra, a pesar de los cambios de perspectiva), el punto no es lo que más se investiga.

LIBERTAD Y CUERPO

Las interpretaciones sobre la libertad en Spinoza

Una forma recurrente de entender la libertad en la obra de Spinoza es anclarla al racionalismo. Según esta interpretación, Spinoza entendería a la libertad como el proceso por el cual la razón controlaría o transformaría a las pasiones, tornándolas racionales. La libertad sería así otra palabra para decir racionalidad. Así lo expresa, por ejemplo, M. Kisner: para él, Spinoza produce una "identificación de la libertad con la racionalidad". Escribe Kisner:

Mientras que los filósofos por largo tiempo conectaron la libertad con la racionalidad, Spinoza lo hace sobre fundamentos metafísicos distintivos, por concebir a la razón como tener lo que él llama ideas adecuadas, ideas de las cuales nosotros somos la sola o la causa adecuada. Se sigue que usar la razón implica ser libre, en el sentido de causar las propias ideas. En los hechos, se sigue que racionalidad y libertad son actualmente equivalentes: en tanto que los seres humanos, entendidos al nivel mental, son en última instancia constituidos por ideas, ser la causa de las propias ideas significa ser la causa de sí mismo, comprendido a nivel mental.[94]

De aproximaciones como ésta se sigue un cierto intelectualismo, cifrando la libertad en un proceso sobre todo mental –aun cuando así, se reponga el dualismo entre mente y cuerpo–.

La identificación entre libertad y razón está en Spinoza. Spinoza define al libre como aquel que se guía por la sola razón, y lo contrapone al siervo, que es aquel que se guía por el solo afecto. El libre obra en función de sí y el siervo obra lo que ignora, escribe en el escolio de la proposición 66 de la cuarta parte de la *Ética*. La libertad se identifica así con la exclusiva guía de la razón, y con la virtud, definida como potencia de obrar. El problema de esta triple identificación, sin embargo, está en el adverbio "solo", porque el mismo Spinoza aclara que ningún hombre podría existir sin estar sometido a pasiones (por el corolario de *Ética* IV, 4): al definir la condición de libre como opuesta a las pasiones y a la vez afirmar que ellas son inerradicables en los humanos, Spinoza sitúa

---

94. Kisner (2011: 17). Traducciones del inglés propias. Ver también Parkinson (1975).

al lector en una perplejidad, que suele resolverse siguiendo no todas sus pistas, sino destacando algunas en detrimento de otras.

Las interpretaciones que subrayan la metonimia que habría entre libertad, razón y virtud toman al pie de la letra que la libertad existe como horizonte práctico –por momentos, normativo– y culminan en dar por descontada una distinción social que ensalza la figura del filósofo o del sabio, frente a la multitud de ignorantes. Spinoza estaría así en la estela de Platón, al alinear a la libertad con la razón y a las pasiones con la servidumbre. Pero, como bien escribe S. James, Spinoza no postula al libre como alguien por fuera de la vida afectiva, y algunas pasiones, lejos de ser obstáculos a la virtud, son necesarias para que ella se manifieste: para volver a las citadas por Aristóteles, es virtuoso quien teme a la vergüenza, odia la injusticia y ama a sus amigos y no quien no lo hace (James, 2009: 223-4). La cuestión, entonces, es cómo leer una libertad posible, en medio de la perplejidad que despierta que Spinoza identifique en primera instancia a la libertad con la razón y con la virtud y, a la vez, dé por dada e inerradicable la servidumbre.

Otra forma recurrente en la que se interpreta la libertad en la obra de Spinoza es el individualismo, haciendo de la libertad sobre todo una cuestión personal –aun cuando Spinoza no tenga un concepto de persona–. T. Sorell, por ejemplo, afirma que "Spinoza mantiene que el Estado debe disponer e incluso promover la libertad personal" (2008: 147). Incluso cuando decir "libertad personal" sea una manera de hablar contemporánea, ajena a la jerga (y esto resulte elogiable), parece difícil reducir la libertad en Spinoza a ese conjunto de ordenamientos que, en general, podríamos llamar derechos liberales: libertad de expresión y asociación, libertad de comercio, libertad de disponer del cuerpo.

No obstante, esta segunda interpretación (también) tiene fundamento: los múltiples sentidos de libertad que aparecen en el holandés y, sobre todo, en la existencia de cierta tensión entre, por un lado, una libertad política –que podría entenderse como un proceso de autoesclarecimiento colectivo, asociado a la vida democrática, o a la "comunidad de hombres libres", que aparece en *Ética* IV, 71-73– y, por otra, una libertad subjetiva, que tendría que ver con el control de las pasiones y la vida virtuosa. Spinoza aparece así como un pensador que se dirigiría a públicos distintos, con la consiguiente partición de su obra. R. Prokhovnik (2004), por ejemplo, sostiene que libertad política y libertad ética son cuestiones distintas, que pueden combinarse o no, según el momento y la coyuntura; mientras que L. Kolakowski (1973) sostiene que la libertad en Spinoza no es una cualidad de individuos, sino una situación (política) en la que poder actuar.

A la multiplicidad de sentidos –no siempre complementarios– se le agrega que es difícil pensar en *una* libertad en Spinoza, sostenida desde el universalismo, para la cual resultaría igual hablar de mujeres, hombres o no binaries libres, de habitantes periféricos o de regiones centrales libres, de libres sin estamento social definido: una suposición así, lejos de pensar en términos de singularidades –como parece querer hacer Spinoza– produce un rasero igualador que es ideológico y poco aceptable. Por esto no aparece una definición de libertad, con un contenido invariante para todos los tiempos y sujetos humanos, ni un programa fijo para alcanzarla: algo así también se lee en las observaciones de Marx, cuando frente a la expropiación de tierras eclesiásticas, que se afirmaba como un avance de la libertad, él traía a colación a quienes iban a buscar comida a esas mismas instituciones, pero que no aparecían festejando lo que les resultaba una nueva desprotección.

También aparecen como extremadamente disímiles las tradiciones en las que se supone que Spinoza abrevaría al referirse a la libertad: se habla del retorno al estoicismo antiguo, a las ideas antiguas romanas de *liber* o griegas de *eleuthería*, a cierto misticismo medieval o a la separación respecto de la libertad en Descartes y, con ello, del voluntarismo.[95] Las interpretaciones de la obra de Spinoza, por lo tanto, acaban distinguiendo entre maneras más o menos complementarias de pensar la libertad, según qué libros, qué fragmento y qué intención de publicación o público se considera, para dar cuenta de una pluralidad de sentidos que no podrían resumirse. Porque todas estas maneras de abordarla pueden, sin dudas, leerse en Spinoza. Esto es lo cen-

---

95. Al respecto, ver: Kisner (2011: 20). Ver también: Bobzien (1998) y James (1993).

tral. Spinoza, en este tema, se asemeja a un prisma en el que se condensan múltiples posibilidades de lectura, según se subraye una u otra cuestión en torno a la libertad, sin poder sintetizarse excluyentemente en una.

Por eso, mi interés aquí será pensar la libertad, en su obra, desde algo que resulta no inmediatamente tratado: pensarla a través del cuerpo; pensar la relación entre libertad y cuerpo.[96] Pensarla, esto es, no haciendo la clásica separación de la historia de la filosofía entre volición y conocimiento y optando por el conocimiento, para dar cuenta de la libertad en Spinoza (Gatens y Lloyd, 1999: 41). Sino pensarla desde el cuerpo, que en mi interpretación de Spinoza presenta justamente un límite al conocimiento.[97] Propongo pensarla también para nuestra época, con lo que ella tiene de corruptora de la libertad, al tornarla un pilar de la gobernabilidad y un vector de la atomización social.

Trazaré para eso tres recorridos tentativos. El primero: la relación entre libertad y límite. El segundo: la relación entre libertad y negación. El tercero: la relación entre libertad y pausa. A partir de postularla como una relación con la pausa, interrogaré el lugar del tiempo en Spinoza y cómo se lo experimenta en afectos como el de la *hilaritas*.

---

96. Es decir, dar una mirada oblicua a la relación libertad-intelecto, como se llama la parte V de la *Ética*.

97. El cuerpo es definido por Spinoza como una modificación de la sustancia (Dios o Naturaleza) en el atributo de la extensión. Pero esta definición no supone una identidad: el cuerpo existe en medio de otros cuerpos, a los que modifica y es modificado por ellos, por lo que está(n) en constante y necesaria regeneración. El cuerpo no es sustrato, sino un conjunto de prácticas, una modificación que modifica, una aptitud para ser modificado y modificar. L. Vinciguerra dice al respecto que por eso los cuerpos son cognoscibles, por sus afecciones. En esto estoy de acuerdo, pero no en que la extensión, en su infinitud de cuerpos en regeneración, lo sea. Algo de los cuerpos (justamente, su constante regeneración y "comercio" entre ellos) impone límites a su cognoscibilidad plena, y por esto, los cuerpos son más bien lo que agujerea el saber. Ver Vinciguerra (2020: 27).

Libertad y límite

Spinoza define la libertad ni bien comienza la *Ética*, en la definición 7 de EI. Escribe:

Se dice libre aquella cosa que existe por la sola necesidad de su naturaleza y es determinada por sí sola a obrar; en cambio, necesaria, o, mejor, coaccionada, aquella que es determinada por otra a existir y a operar según una razón cierta y determinada.[98]

La definición tiene dos partes. En la primera, Spinoza atribuye la libertad, en sentido estricto, a Dios o la Naturaleza. "Sólo" Dios o la Naturaleza es libre, en el sentido de existir por su propia necesidad y ser auto-determinado a obrar.[99] En la segunda parte de la definición, propone un doble movimiento que, por un lado, establece la antítesis entre libertad y coacción, y por el otro destituye la otra antítesis, la de sentido común, entre libertad y necesidad. Entre ser libre y existir o actuar necesariamente no hay oposición, porque la cuestión es establecer *cómo* sea causada esa necesidad: si es una necesidad que se ancla en sí como causa o si se existe y se actúa compelido por una causa externa.[100] Ser

---

98. Spinoza (2020). Simplifico la referencia textual del siguiente modo: E para *Ética*, seguido por números romanos para las partes, una coma y luego el número de la proposición, en árabigo.

99. Quisiera explicar las comillas en el adverbio "sólo": al ser Dios o la Naturaleza una infinitud abierta que todo lo incluye (y que se expresa en los modos), el adverbio no significa exclusividad. De hecho, por esa infinitud es que hablar de totalidad es impropio.

100. Las acciones libres surgen de la necesidad (entre libertad y necesidad no hay exclusión). El hacer está causalmente determinado: la pregunta spinocista es dónde reside la causa de la determinación, si en sí –en ese caso, la acción es libre– o en una causa exterior. Así también lo repite Spinoza en la carta 58 a Schuller. Ante la objeción de su correspondente, que compara el libre albedrío cartesiano con su falta, en Spinoza, el holandés distingue entre dos tipos de necesidad: la necesidad libre (de la cual se siguen acciones por la sola naturaleza de quien actúa) y la necesidad coaccionada (de la cual se siguen acciones determinadas por una causa externa) y separa a ambas de la ficción de libertad (la que postula que los hombres creen que son libres, porque son conscientes de sus apetitos pero no de las causas

libre, en sentido estricto, es existir necesariamente y tener en sí la causa de existir y obrar: en tanto los modos existen en otro (en Dios o la Naturaleza, para la que Spinoza propone una otredad no exterior) y no siempre actúan teniendo en sí a la causa de esa actividad, "sólo" Dios o la Naturaleza es libre en sentido estricto.

La definición de libertad establece un límite claro a la experiencia posible de libertad para los modos finitos. Los modos finitos –entre ellos, los humanos singulares– solo podrán ser libres *limitadamente*, nunca del todo. Esto es así porque existen en otro –y esa es su condición modal– y sólo intermitentemente pueden actuar. Spinoza marca una oposición entre libertad y coacción (o, para decirlo rápido, entre en sí/en otro o interior/exterior), pero en el marco de su convivencia. En el caso de los modos, se trata de actuar libre y, a la vez, de ser/estar coaccionado. Se trata de actuar libre en medio de ser/estar coaccionado, como condición persistente. Por eso, la libertad de los modos –entre ellos, de los humanos– no es absoluta ni absolutizable; porque se vive en una proporción relativa entre actividad y pasividad. Para los modos se trata, en suma, de procesos y de experiencias de liberación, antes que de la libertad como estado pleno.

La búsqueda ética para los modos es advenir tanto más auto-determinado, y, en este primer sentido, tanto más libre: se trata de procurar ser la causa de acciones. Pero esa búsqueda tiene un límite, en tanto siempre habrá un resto de pasividad, de padecimiento, de exterioridad de la determinación a actuar. La libertad aparece entonces a nivel de los modos finitos como una búsqueda de devenir más auto-determinado, y esto implica un ejercicio de comprensión: comprender el entramado causal en el que se padece y se actúa. En el mismo ejercicio de comprensión hay una posibilidad de transformación: no de ascetismo, ni de abstracción absoluta, ni siquiera de aniquilación de la dependencia.

---

que los determinan). Spinoza ilustra esta situación de libertad ficticia con la imagen de una piedra que cae y mientras lo hace, se hace consciente de su estar cayendo, sin saber por qué, y por eso se cree libre. La carta muestra el punto de partida de Spinoza: la libertad no está dada sino para Dios, mientras que para los humanos, lo que está dado es la coacción. Ver Spinoza (1988: 335 y ss.).

La paradoja es que se deviene tanto más auto-determinado cuanto más se comprende cuán fuerte es el entramado de dependencias en el que se está, del cual no puede haber un completo desgarramiento. Por eso, se deviene tanto más auto-determinado, cuanto más se comprende la fortaleza de los lazos, lazos que muchas veces son ataduras. Spinoza focaliza ahí en los lazos de las pasiones derivadas de la tristeza: liberarse del odio, de la burla y del desprecio (EIV, 45 esc.), del miedo y de la esperanza (EIV, 47), de la indignación y de las causas de la indignación (EIV, 51), de la humildad (EIV, 53), del arrepentimiento (EIV, 54), etc., y esforzarse por la *hilaritas*, la alegría que involucra a la vez al cuerpo y al alma y que no puede tener exceso (EIV, 42). Focaliza también en entender a la sabiduría como una práctica de la vida y no una "meditación de la muerte" (EIV, 67) y en liberarse del normativismo, en tanto "si los hombres nacieran libres, no formarían un concepto del bien y del mal, mientras fueran libres" (EIV, 68).

Por eso, el primer camino para los modos finitos es el reconocimiento del límite de la libertad; el reconocimiento de que buscar la abstracción, el desgarro, la fuga, el éxodo o la ruptura total del lazo socio-ambiental es una forma de ilusión, que no apunta a la libertad, sino a la radicalización del servilismo. Se trata de renunciar a la ilusión de la ruptura total de lazos de dependencia como anhelo de una libertad solipsista y se trata de la renuncia a la ilusión de alcanzar una libertad ilimitada. "Sólo" Dios o la Naturaleza es libre en el sentido de la infinitud de su esencia: una libertad, la divina o natural, que no es abstracción, ni decisionismo, sino plenitud productiva de su esencia, o, en palabras de A. Negri, superabundancia de ser (2021: 121).

Hay en Spinoza entonces una ruptura con la tradición que unifica voluntad y libertad, decisión y libertad, pero también hay una ruptura con la ilusión de la comprensión absoluta o del dominio absoluto de las condiciones en las que se actúa o de la separación absoluta respecto del entramado que constituye al cuerpo, atándolo. En sentido estricto, no puede haber libertad en cualquier contexto social dado; no puede haber libertad dado cualquier tipo de lazo social y no puede haber estoicismo, si por estoicismo se entiende a la figura del esclavo que se piensa libre, incluso estando encadenado.

Para los modos, hay posibilidad de liberación *dentro de un límite*, que es concebido como una pasividad constitutiva e irreductible en un punto, en tanto se es parte de la naturaleza. Hay procesos de liberación, de esclarecimiento de los lazos socio-ambientales que constituyen y que pueden transformarse trabajo-samente, pero no eliminarse, en tanto el cuerpo es relación social. Es como si Spinoza dijera: en tanto se es cuerpo compuesto de y en medio de cuerpos, en tanto se es un cuerpo constituido por cuerpos, se puede pensar el entramado y tornarse causa de las acciones dentro de ese entramado que se esclarece, pero siempre habrá lazos y siempre habrá sombras y pasividades en esos lazos.

Por tanto, no hay posibilidad de libertad como destrucción o nihilismo. Libertad y límite son pensados juntos, pero el límite no es la ley –como para tantos pensadores de la modernidad–, ni la esencia –en tanto la esencia no son contenidos dados, sino potencia, flujo de actividad–. El límite no es siquiera la acción, en el sentido arendtiano, o sea, un comenzar que irrumpiría en el mundo y obligaría a readecuar lo sucesivo de acuerdo con su aparición. El límite a la libertad, en cambio, en Spinoza, es intrín-seco a su concepción de cuerpo: una concepción de cuerpo finito, que está en interrelación horizontal con otros cuerpos, interpe-netrado por ellos; un cuerpo no solipsista y precisado de otros cuerpos para regenerarse, en un comercio continuo.

Es una libertad como trabajo de liberación de sí al interior de lazos socio-ambientales que son filigranas constitutivas, un tejido constituyente que puede ser más tirante o más flojo, más abigarrado o más suelto, pero que cuantos más hilos tenga, más (sos)tiene al cuerpo. Es una libertad como trabajo de esclareci-miento de esos lazos, ya sea para experimentarlos como sopor-tes imaginarios o como grilletes (o como ambos a la vez) y como esfuerzo en el tiempo para volver a pespuntearlos. Pero también es libertad como trabajo de liberación en favor de esos mismos lazos, que es lo mismo que decir trabajo de liberación de otros cuerpos, que constituyen al propio: es un trabajo de reacomo-damiento, de redisposición, de reposicionamiento, de dinámica constante.

LIBERTAD Y CUERPO

Libertad y negación

Spinoza inscribe a la libertad, al hablar de los modos humanos, en un campo de oposiciones entre estados, que no son excluyentes: los binomios *sui juris* y *alterius juris* y la división (que sí tiende a ser más taxativa) entre estar libre y estar esclavizado. Proponemos hablar de estar, más que de ser, porque se trata de estados, antes que de condiciones permanentes. El primer binomio, que aparece en *Ética* y en el *Tratado Teológico-Político*, es el par central del *Tratado Político*, donde parece citado más veces.[101]

El binomio se hereda del Derecho privado romano pero, como sabemos por el estudio de A. Menzel, Spinoza modifica el término romano originario (*alienus*) por *alterius*.[102] La modificación, a mi entender, no es menor. Porque *alienus* denota ajenidad, extrañeza, desposesión, pero el genitivo *alterius* marca y subraya al Otro que aparece como poseedor de ese derecho extrañado. No es que se experimenta un derecho enajenado, sino que se experimenta que se está bajo derecho de Otro, bajo jurisdicción de Otro. El Otro aparece como la marca, la referencia para explicar un estado de desposesión de derecho. Spinoza instala a la libertad en ese marco contradictorio, de tensión, en el que aparece subrayada la jurisdicción enajenada en favor de Otro que no se desdibuja, sino que se subraya; que se marca incluso en el cambio de designación.

El binomio se construye en movimientos que pueden resultar engañosos. Cito del *Tratado Político* II, parágrafos 9 y 10:

> Se sigue, además, que cada individuo depende jurídicamente de otro [*alterius juris*] en tanto en cuanto está bajo la potestad de éste, y que es jurídicamente autónomo [*sui juris*] en tanto en cuanto puede repeler, según su propio criterio, toda fuerza y vengar todo daño a él inferido, y en cuanto, en general, puede vivir según el propio ingenio.

> Tiene a otro bajo su potestad quien lo tiene preso o quien le quitó las armas y los medios de defenderse o de escaparse, o quien le infundió miedo o lo vinculó a él mediante favores, de tal suerte que prefiere complacerle a él más que

---

101. Spinoza (1986). Ver también Cristofolini (1985).
102. Menzel (1929). Al respecto ver también Bobzien (1998: cap. 7).

a sí mismo y vivir según su criterio más que según el suyo propio. Quien tiene a otro bajo su potestad de la primera o la segunda forma sólo posee su cuerpo, pero no su alma; en cambio, quien lo tiene de la tercera o la cuarta forma ha hecho suyos tanto su alma como su cuerpo, aunque sólo mientras persista el miedo o la esperanza; pues, tan pronto desaparezca ésta o aquél, el otro sigue siendo jurídicamente autónomo.

Lo engañoso de la construcción argumental es que estar *alterius juris* parece ser una condición conformada por peldaños que irían desde lo más rústico a lo más sofisticado. Parece ser más rústica la atadura del cuerpo: el haber sido puesto preso, el haber sido despojado de las armas para defenderse o huir (nótense cómo no se diluye el referente de la acción). Pero más sofisticada y completa sería la atadura, a la vez, de cuerpo y de mente: haber sido influido de miedo o atado con favores, que hagan que, por miedo o esperanza, y mientras ellos duren, se actúe más a favor del criterio de otro, que del propio. Hasta pareciera que Spinoza se pone dualista y que todo se resuelve con la razón. En el parágrafo siguiente (*Tratado Político*, II, 11), Spinoza afirma:

> También la facultad de juzgar puede pertenecer jurídicamente a otro, en la justa medida en que el alma puede ser engañada por otro; de donde se sigue que el alma es plenamente autónoma en tanto en cuanto puede usar rectamente de la razón. Más aun, dado que el poder humano debe ser valorado no tanto por la robustez del cuerpo cuanto por la fortaleza del alma, se sigue que son autónomos en sumo grado quienes poseen el grado máximo de inteligencia y más se guían por ella. Por eso mismo, llamo libre, sin restricción alguna, al hombre en cuanto se guía por la razón; porque, en cuanto así lo hace, es determinado a obrar por causas que pueden ser adecuadamente comprendidas por su sola naturaleza, aunque éstas le determinen necesariamente a obrar. Pues la libertad (*como hemos mostrado en el 7 de este capítulo*) no suprime, sino que supone la necesidad de actuar.

Mi lectura es contraria a la presunción de teleología. La razón no viene a resolver, sino que ella establece con una distancia respecto de una argumentación que instala una tensión previa, una tensión que la habita: solo puede ser libre o racional, esto es, estar determinado necesariamente a obrar por causas comprendidas en la propia naturaleza, quien resolvió circunstancialmente la tensión –dado que son estados reversibles– de la situación de estar *alterius juris,* tomada como condición primigenia y, en algún sentido, recurrente. Porque, como bien afirma P. Cristofolini, *sui juris* es un estado al que se puede advenir, por haber pasado por la situación de estar *alterius juris.* Esto es, sólo puede "repeler, según su propio criterio, toda fuerza y vengar todo daño a él inferido", quien antes haya sufrido un daño y un ejercicio de fuerza en contra. Sin daño y sin ejercicio de fuerza previos, no hay un repeler y vengar posibles (nótese que Spinoza no habla de devolución de fuerza, sino de freno a la fuerza y de venganza). Pero incluso con daño y con freno, no necesariamente se logra vengar ese daño y repeler esa fuerza *según el propio criterio* y no necesariamente se logra *vivir según el propio ingenio.* El estado de *sui juris* queda como una respuesta posible, pero encadenada a la condición previa de estar *alterius juris,* mucho más extendida y permanente. Y devenir libre/racional, como algo distinto de estar *sui juris,* en tanto no se asume como experiencia reactiva.

Si pensamos que la condición de estar *sui juris* es atribuida históricamente por Spinoza a determinados sujetos (y negada históricamente a otros), como condición necesaria para el ejercicio de la ciudadanía, *sui juris* deja de ser la imposición del criterio unilateral de un sujeto, para pasar a construir un criterio colectivo de acción: repeler conjuntamente un daño asumido como daño colectivo, repeler el uso de la fuerza como freno colectivo, forjar un criterio común de vida. Pero también parece ser un indicador de cómo minorías hoy designadas *alterius juris,* hoy excluidas de la ciudadanía, puedan devenir *sui juris*: nombrar e inscribir en el lenguaje un daño común, frenar en común una fuerza que somete, construir un criterio común de vida.

Esto repone la pregunta por los cuerpos desde una mirada no esencialista: ¿cómo forjar cuerpos colectivos que permitan perforar el estado de *alterius juris*? ¿Cómo forjar cuerpos colectivos que puedan repeler la fuerza, vengar los daños y habilitar una experiencia común? ¿Qué concepción de experiencia sería esa, dado que al daño hay que nombrarlo, a la fuerza hay que frenarla y al criterio hay que ponerlo a andar, para que sean? Ese cuerpo colectivo, esa experiencia colectiva, no están dados, ni son evidentes, ni engloban *a priori* a determinados cuerpos, sino que se construyen históricamente a partir de esa puntualización del daño sufrido, de su inscripción en la lengua, del nombrar esa fuerza a repeler, de poner en escena ese criterio común a construir.

Como bien dirá J. Scott (2001), no hay una experiencia que pueda ponerse como fundamento de verdad, de autenticidad, porque la experiencia se construye como tal, recortando algunas entre las muchas experiencias que se tienen, que se subrayan en un momento determinado y se las encadena con sentido, se las recuerda, se las testimonia. Perforar el estado de *alterius juris* es un trabajo al interior de ese estado, tomado no como adjetivo intemporal que acompaña a ciertos sujetos y no a otros, sino como una necesidad que puede revertirse, como una condición que en un momento dado (y no en otros) se experimenta en los cuerpos como aprisionamiento, como sustracción de armas de defensa o de escape, como encadenamiento por el miedo y la esperanza, como vivir en beneficio ajeno. Es un trabajo de recuperación del hacer en favor de la propia utilidad, en lugar de la utilidad externa, y en ese sentido, de des-esclavización, que puede o no darse, porque que esa condición exista, no determina el camino a la liberación.

La pregunta, entonces, como bien indica A. Negri (2021: 129), no es *qué es* la libertad, sino *quiénes* pueden devenir libres, entendiendo ese quiénes como un trabajo de reformulación de las experiencias corporales; un hacer contra el hábito de la servidumbre y del imposibilismo; un hablar y nombrar lo que no está inmediatamente percibido; una construcción en fin, de multitudes libres. Como bien afirma F. Zouravichbilli (2002), hay allí un salto: porque si Spinoza coloca en cada quien el deseo de no ser gobernado por quienes considera iguales y, por lo tanto, esa igualdad lleva a la búsqueda de vivir en isonomía según el ingenio democrático, la multitud tiene la tarea de forjar el deseo de libertad, de construir un hábito de libertad, que no está dado. Y lo hace a partir de experiencias de conflicto.

Se trata, entonces, de revertir el cuerpo *alterius juris*, de tomar distancia de ese cuerpo, de extrañarse de esa figura corporal que se perfila como tal en relación a otras figuras corporales, que la postulan un cuerpo diferente, y generar prácticas, filigranas y alianzas que permitan mostrar cómo se produce históricamente esa figura de la diferencia, que puede alterarse. Dado que la negación en Spinoza, como relee P. Macherey (2014) a la crítica hegeliana, tiene más que ver con el desdibujamiento –barroco, podríamos decir– de la figura corporal en la extensión, perforar la condición *alterius juris* implica forjar una figura corporal que niegue la dada, que la reperfile a través de otras interacciones sociales.[103] Implica el trabajo de redeterminarse, negándose; de fragmentarse, redisponiendo partes de cuerpos en ensamble con otras partes de otros cuerpos. De no estar atados a *ese* cuerpo ya delineado como racializado, feminizado, minorizado, "natural", y por tanto, des-agenciado, como la modernidad ha construido a la naturaleza o como Spinoza describe a las mujeres en su época, en su imbricación de naturaleza y cultura: las "des-potenciadas por naturaleza" (Descola, 2012).

Los cuerpos de mujeres, negros, tutelados de toda especie, no están dados, sino que son construidos como tales y, por tanto, no puede partirse de su experiencia como "auténtica", unificadora e integradora, sin visibilizar cómo se produce esa diferencia y cómo se recorta esa experiencia. Se trata de comprender las razones de la producción histórica como tales de cuerpos diferentes en el tiempo y de poder tomar distancia; al hacer lo imprevisible y lo inesperado para esos cuerpos, al desorientar, haciendo lo que esos cuerpos supuestamente no pueden hacer, trazando otras experiencias. Se trata de no dar por supuesta la posibilidad de actuar bajo ciertas figuras corporales, que se forjaron socialmente des-agenciadas, como si el pase a la actividad fuese una mera decisión voluntarista, un animarse.

Tomar la posición de no estar atados a cuerpos dados como obvios en sujetos a quienes se construye así, estrictamente atados a cuerpos, implica un desplazamiento, una desorientación.[104] Implica a la libertad como innovación, al decir de A. Negri (2021: 127).

---

103. Retomo aquí el concepto de negación no como privación, sino como reelaboración de lo dado. Al respecto ver De Gainza (2007) y Melamed (2012: 175).

104. Sobre la reducción de mujeres a cuerpos, ver Federici (2022).

Libertad y pausa

¿Pero quiénes pueden innovar en contextos como estos? En un texto de 2017, "El aceleracionismo cuestionado desde el punto de vista del cuerpo", F. Bifo Berardi vuelve a una lectura de Spinoza para mostrar escepticismo –uno que comparto– respecto de que sea intensificando las tendencias del capitalismo contemporáneo –antes que protestando o poniendo frenos– que se puedan construir espacios de relativa autonomía. Ante la hipótesis –leída sobre todo a partir del fragmento sobre las máquinas de los *Grundrisse*, de Marx y de *El Anti-Edipo. Capitalismo y Esquizofrenia*, de G. Deleuze y F. Guattari– de que la velocidad de la producción capitalista contemporánea pueda acelerarse más, porque en esa aceleración –antes que en su freno o en la huida– anida la catástrofe, Berardi objeta que la intensificación implica para el cuerpo una hiperexplotación y una absoluta subyugación. Para él, la velocidad a la que se somete a los cuerpos no es la del cerebro humano, sino la de la máquina globalizada de algoritmos. Afirma Berardi (2017):

> La aceleración es una de las formas de la subyugación capitalista. El inconsciente es sometido al ritmo siempre creciente de la infosfera y esta forma de subsunción es dolorosa: genera pánico antes de destruir finalmente cualquier forma posible de subjetivación autónoma.[105]

Y sigue:

> La experiencia de nuestro tiempo desmiente la primera asunción [que acelerar los ciclos de producción hace al capitalismo inestable]: el capitalismo resiste porque no necesita de un gobierno racional, solo de una gobernanza automática, y también porque no tiene un cuerpo deseante, ya que es un sistema abstracto de automatismos. La gobernanza es precisamente esto: la sustitución de un gobierno racional por una mera concatenación de automatismos tecno-lingüísticos. Más aun, la aceleración destruye la subjetividad

---

105. Para un marco general del aceleracionismo, ver los videos producidos por el grupo "Arqueologías políticas del porvenir", de E. Biset en su canal de YouTube.

social, debido a que esta última se funda en el ritmo del cuerpo deseante, que no puede ser acelerado más allá del punto de espasmo. (2017: 74).[106]

La crítica de Berardi es que una lectura materialista de las posibilidades plegadas en el desarrollo tecno-capitalista no supone que la liberación de tiempo de trabajo sea una necesidad, sino una mera posibilidad dentro de otras. Pero, sobre todo, que la dinámica de los flujos de información contemporáneos obstaculiza, antes que promueve, la conformación de un cuerpo deseante. El cuerpo, enlazado con cuerpos tecnológicos cuya velocidad es incontrolable, queda en punto de espasmo, mientras mantiene una actividad que se da por automatismo.

Berardi bien lee que no hay nostalgia posible de la lentitud de otras épocas, pero también bien lee que algo de las dinámicas contemporáneas de vida bloquea la delineación de cuerpos deseantes, constituye otras formas de espacio público, multiplica el tiempo de trabajo y arrasa con la posibilidad de reaccionar ante un acontecimiento, sin ponerlo en cuestión en su verosimilitud o diluirlo ante una nueva oleada de hechos. Destruye, en fin, la sola posibilidad de señalar al Otro enajenante del derecho propio, que aparecía en la condición de *alterius juris*. Son cuerpos los nuestros que, anudados a cuerpos-dispositivos, no se transformaron en el *cyborg* como mito de la posibilidad de liberación, que imaginaba D. Haraway (1991), sino que desarrollan reacciones compulsivas, miedosas, intempestivas, sucumbidos por una velocidad ajena. Cuerpos que no cuajan.

El tiempo del cuerpo

La hipótesis de Berardi es importante: que para formarse un cuerpo (que no puede tomarse como dado, porque un cuerpo es siempre ya en modificación y modificante), debe haber un cierto

---

106. Al respecto de los cambios en lo político que impulsa la tecnología, sobre todo las redes sociales, ver la entrevista a Geert Lovink en Diario Perfil, del 30/11/2024. Disponible en: <https://www.perfil.com/noticias/periodismopuro/geert-lovink-el-estado-mismo-sera-una-plataforma-por-jorge-fontevecchia.phtml>.

tiempo, una dinámica. Spinoza describe al tiempo, en la carta 12, como un "auxiliar de la imaginación" (y ya no como un ente de razón o un instrumento posible de medida, como aparecía en *Tratado de la Reforma del Entendimiento*).[107] En *Ética* II, 44, esta condición de auxiliar, cambia. El tiempo ya no es un auxiliar, sino un producto: el producto del enlace por parte de la memoria corporal de encuentros y momentos del día. La figura paradójica que Spinoza utiliza para ejemplificarlo es la de un niño (figura paradójica, porque los niños no tienen hasta muy entrados en años una noción de tiempo y espacio): se trata del encuentro entre Pedro, Pablo y Simón durante distintos momentos del día. Escribe Spinoza en escolio:

> Supongamos, pues, a un niño que haya visto ayer por la mañana temprano, por primera vez, a Pedro; después, al mediodía, a Pablo; por la tarde a Simón; y hoy otra vez, por la mañana, a Pedro. En virtud de la proposición 18 de esta parte es patente que, en cuanto vea la luz de la mañana, imaginará que el sol recorre la misma parte del cielo que le vio recorrer el día anterior, o sea, [imaginará] un día entero, y simultáneamente [imaginará] con la mañana a Pedro, con el mediodía a Pablo y con la tarde a Simón; esto es, imaginará la existencia de Pablo y de Simón en relación con un tiempo futuro.

La memoria corporal del niño da lugar a un orden de afecciones y a la imaginación del tiempo, como producto de ese orden del cuerpo vivido. Da lugar también a la contingencia, como resultado del quiebre del orden esperado de encuentros (el niño espera a Simón, pero Simón no aparece, sino Jacobo).[108]

---

107. Al respecto, ver Sibilia (2018).

108. Ericka Itokazu agrega un elemento interesante al orden vivido que construye la imaginación los encuentros de Simón, Pablo y Pedro: el tiempo es central para la imaginación porque, dado que la duración real del propio cuerpo y de los cuerpos exteriores es incognoscible (o, como dirá Spinoza en EII, 30 y 31, de ella se tiene un conocimiento muy inadecuado), el tiempo permite tener cierto sentimiento de continuidad de sí en la existencia, que puede contradecirse cuando ese orden se rompe. Esto instaura para Ericka "la contradicción en nosotros" (2008: 178).

Por esto, como bien escribe M. Gueroult, no se trata en la memoria (a la que Spinoza no distingue de la imaginación) de una mera asociación repetitiva de una secuencia, de un mero automatismo, sino de un esfuerzo del cuerpo por seguir la traza que dejan los *vestigia*, las huellas de las afecciones en los cuerpos de los encuentros que ese cuerpo tiene con otros y por darles un sentido (Gueroult, 1974: 230). Para poder seguir la traza y otorgar sentido, el cuerpo precisa que la huella, que el vestigio que da cuenta de otro cuerpo y de su enlace y de su separación con el propio cuerpo, por un lado, se haya producido y, por el otro, que sea lo suficientemente marcante para que se pueda percibirla como imagen. Se precisa también de cierta individualización de esos *vestigia*, de esas marcas corporales de los otros cuerpos en el propio, para que la imaginación no se embote y frente a un número no singularizable de ellos, forme un universal, esto es, un pastiche de imágenes que da lugar a una idea confusa. Se precisa que esos *vestigia* duren, para que dé lugar a un tiempo, como su producto. Escribe al respecto Vinciguerra:

> ...la dureza de un cuerpo no es indiferente a la *durata* de la traza que él trae consigo. Es más, la persistencia misma de la traza sobre o en el cuerpo es el claro indicio de que una esencia se expresa. La permanencia de la traza es, en efecto, ya de por sí, la expresión del perseverar mismo del cuerpo que de ese modo se esfuerza por conservarse no a pesar de sus trazas, sino, al contrario, a través de ellas. (Vinciguerra, 2020: 35).[109]

Por eso, insistimos, el cuerpo como modo de la extensión –un cuerpo que no está dado, sino que es una dinámica de trazados, de *vestigia*, de afecciones–, supone una duración de las *vestigia* (que el mismo cuerpo es) para que pueda darse su forma, su figura.

---

109. Los *vestigia* deben ser consideradas nociones comunes, escribe Vinciguerra (2020: 37), esto es, los conceptos que se forman por elementos comunes en el todo y en la parte (en este caso, en los cuerpos que se afectan y en el atributo extensión en general). En su lectura, ellos son lo que posibilita una física experimental en Spinoza (que, de otra manera, sería imposible, como atestigua su discusión con R. Boyle).

En otras palabras, el cuerpo supone una relación con algo que es su producto: el tiempo.[110]

El relato de *Ética* II, 44 da cuenta de un orden que establece el cuerpo en sus afecciones, de un orden vivido, que no describe una sucesión objetiva de aparición de cosas, sino una concatenación trabajosa que realiza la imaginación de los encuentros corporales que hacen a determinados cuerpos. Por tanto, la imaginación, como conocimiento por signos, por un lado abstrae de la causalidad inmanente a algunos cuerpos y los ordena según como es afectado el cuerpo que imagina, y, por el otro, produce un orden ateniente a ese cuerpo vivido que no es caprichoso, sino que está inscrito en el encadenado necesario de los cuerpos en el atributo extensión.

Lo importante, en resumen, es que el cuerpo crea un orden, o mejor, crea órdenes, en plural. El cuerpo, lejos de la innovación, como postula Negri, genera órdenes, hábitos, concatenaciones, en los que se constituye esforzadamente como cuerpo, porque activa el trazado de *vestigia* que lo constituyen. Como dice Diego Tatián, el cuerpo es conservador.[111] De hecho, Spinoza parece cifrar la libertad del cuerpo en evitar, por un lado, lo que aparece como nuevo y no deja integrarse en esos órdenes vividos –como se lee en el afecto de admiración[112]–, así como en evitar la dilación, la fijación obsesiva del cuerpo en esos órdenes, como sucede con la esperanza y el miedo (pero también con la caricia, el amor y ciertos deseos como la gula y la avaricia, que dan lugar a obse-

---

110. M. Benasayag estudia cómo la digitalización de la experiencia impacta en la neurofisiología. En una entrevista radial con el periodista R. Sietecase, alude a la diferencia en términos de memoria entre leer un texto en papel y uno digital y afirma que "la lectura en la pantalla no crea memoria"; lo que se relaciona con lo que aquí planteo. Entrevista disponible en: <https://www.youtube.com/watch?v=WF3a5Xfsgis>.

111. En la discusión colectiva de este texto, en el Centro Latinoamericano de Estudios Spinocistas (CLES), en noviembre de 2024.

112. Bajo el estupor que provoca el afecto de admiración se podrían leer las formas políticas contemporáneas de lo excéntrico, lo bizarro, lo efectista, lo polémico. La admiración no necesariamente se emparenta con el elogio, sino con la parálisis que provoca lo inesperado, lo inaudito.

siones y delirios que empobrecen paradójicamente, al cuerpo y al alma).[113] La libertad en el cuerpo parece estar cifrada también, así como en eludir el tipo de innovación que enmudece y absorta, en evitar la focalización excesiva en objetos, que retienen y que tornan dependiente. Que encapsulan.

Siempre me intrigó que Spinoza, en el *Tratado de la Reforma del Entendimiento*, en pleno siglo de las máquinas hidráulicas, los autómatas, los barómetros y los relojes mecánicos, como fue el siglo XVII, usara la analogía de un simple martillo para mostrar la existencia de la fuerza innata del intelecto. Porque la analogía, como sabemos, estaba ya en F. Bacon, pero en sentido inverso, para denostar al entendimiento.[114] Y resulta extraño utilizar la imagen de un instrumento tan anacrónico, si lo que quería Spinoza era ensalzar esa fuerza innata: ¿por qué no hacerlo comparándolo con la última máquina disponible? Escribe Spinoza en el *Tratado de Enmienda del Intelecto* (2008: parágrafos 30-31):

---

113. Al hablar de la fuerza de las potencias del cuerpo y de la mente, Spinoza utiliza la expresión *plura simul*, esto es: que los afectos, cuando son pasiones, pueden tornarse excesivos –obsesiones y delirios– cuando se adhieren a una parte del cuerpo y de la mente de tal manera que les impiden tener pluralidad de afecciones e ideas simultáneas y así, los debilitan, debilitan su relación con el mundo y raquitizan su potencia de vivir. La liberación está entonces también en el esfuerzo por mantener la aptitud para la pluralidad simultánea de afectos –y esto delinea relaciones de vida deseables en relación a, por ejemplo, la sexualidad, la comida o el dinero– (EV, 8-9). La liberación está también en conocer la pluralidad de causas que producen un afecto, para tornarlo menos nocivo, esto es, imaginarlo menos como libre, en el sentido de incausado y solipsista, y más como necesario, esto es, causado y en conjunción con otros (EIII, 49 y V, 5). La imaginación de la libertad como "lo incausado" y lo solipsista para Spinoza exacerba afectos, pone intensidad a los amores y odios y, por tanto, aumenta la dependencia y el servilismo. Al respecto, ver Chaui (2016: 550).

114. Al respecto, ver: Alcoloumbre (2004), 523-533. Para una lectura distinta, ver: <https://reflexionesmarginales.com/blog/2022/03/27/de-la-imaginatio-a-la-%CF%84%CE%AD%CF%87%CE%BD%CE%B7-hacia-una-posible-filosofia-de-la-tecnica-en-spinoza-segun-el-tractatus-de-intellectus-emendatione-en-clave-contemporanea/#_edn66>. Para la relación sobre la técnica, en comparación con Heidegger, ver: Vaysse (2004).

...para forjar el hierro requerimos un martillo, y para tener un martillo es necesario que lo confeccionemos. Y, a fin de lograr lo anterior requerimos de otro martillo y otras herramientas. Ahora bien, para tener estas últimas se requieren otras herramientas, y así al infinito. Y de este modo sería vano el esfuerzo de quien quisiera demostrar que los hombres no pueden forjar el hierro. Pero del mismo modo en que en un comienzo los hombres pudieron hacer ciertas cosas muy fáciles con instrumentos innatos, aunque laboriosa e imperfectamente, y una vez que fueron fabricadas, confeccionaron otras más difíciles con menos esfuerzo y de modo más perfecto. Y así, avanzando gradualmente a partir de los trabajos más simples a los instrumentos, y de los instrumentos a otros trabajos e instrumentos, llegaron a tal punto, que fabricaron muchas cosas difíciles con poco esfuerzo.

La analogía con el martillo no es la del instrumento disponible, que adecuado al tiempo en el que se usa dispone una diferencia entre sujeto y objeto, entre exterioridad e interioridad, entre agente y recurso material. Más bien es una imagen que, analogando al intelecto con una herramienta simple, transtemporal y hasta de popular uso, permite cortar la remisión indefinida a otros instrumentos. El martillo es la metáfora del instrumento innato, fuera de tiempo, popular, que en tanto no es una facultad subjetiva sino parte de un aparato impersonal de pensamiento, puede leerse como *praxis*.[115]

---

115. El pensar en Spinoza puede interpretarse como *praxis* y también como *poiesis*. Escojo *praxis* en el sentido marxista, de actividades sociales de conocimiento, producción y transformación de la realidad histórica y de los sujetos que producen. En *El hombre sin contenido*, G. Agamben escribe que en el mundo griego ambos conceptos tenían que ver con el hacer, pero que la diferencia entre ellos era que la *poiesis* involucraba a las actividades que suponían el paso de la no-existencia a la presencia de algo, mientras que la *praxis* abarcaba a las actividades con un fin en sí mismas, las que tenían que ver con la voluntad determinada a través de la acción (p. 112) y se relacionaban a la experiencia. Entre *poiesis* y *praxis* Aristóteles ponía una jerarquía: la *poiesis* eran actividades que tenían que ver con la reflexión y por tanto, propias de los libres. Las actividades se dividían en aquellas que tenían que ver con las necesidades de la vida –que hoy relacionaríamos con el trabajo– y eran realizadas por sirvientes y esclavos, y las que no eran necesarias y eran realizadas por libres.

Así lo hacen D. Tatián y también R. Mondolfo. Tatián (2015) escribe que una filosofía de la praxis "se activa con la pregunta: ¿qué somos capaces de hacer aquí y ahora en orden a la emancipación ética y política?" y esto supone no sólo asumir los recaudos "frente a las ilusiones de soberanía en las que incurre la conciencia, sino que también presupone la ontología de la necesidad, que Spinoza no identifica con ningún determinismo y sustrae del fatalismo". Mondolfo hablaría de la solidaridad entre intelecto y mano, entre ciencia y técnica, entre pensar y martillar, entre la gravedad de la fuerza de las ideas y el peso del martilleo y su encadenamiento focalizado. Para él, la analogía que propone Spinoza es con un instrumento que transforma las condiciones sobre las que martilla y, a su vez, resulta marcado con el uso (Mondolfo habla de una *umwälzende praxis*, una actividad colectiva que pendula desde las condiciones en que interviene a aquellas de las que surge).[116]

La libertad puede leerse entonces como hacerse del instrumento innato que permite re-cincelar el mundo y que guarda con él una relación no conforme al tiempo. Re-tornar a un instrumento innato viejo, ajado, tosco, pero capaz de asirse, de relacionarse en paridad con el cuerpo que lo ase: el retorno a ideas que pueden ser machacadas por cualquiera que las repiense en contexto. No hay técnicas elaboradísimas, ni contenidos puestos; no es una práctica inimaginable, sino una extendida que consiste en encadenar, focalizar, centrar, sostener peso, disponer enfrente, probar, dar en el clavo, errar, fijar y recentrar. Es una práctica de pensamiento/acción que se hace con atención al mundo, antes que con reflexividad de la conciencia y que modela lo sensible, a la vez que es modelada como sensible.[117]

Esta división cambia con la extensión del trabajo (que hace eclipsar la *poiesis*) y, para Agamben, con el cristianismo, que hace converger *praxis* y *poiesis* en la idea de Dios. Al respecto, ver Agamben (1970).

116. Mondolfo (1960), (1949) y (1976); Le agradezco a D. Tatián por estas referencias. Para una semblanza de Mondolfo, ver Tatián (2014). Para una lectura de las interpretaciones marxistas de Spinoza, ver Tosel (1993).

117. En *La ofensiva sensible*, D. Sztulwark describe a lo sensible como un "campo de batalla" (p. 40) y agrega: "El reverso de lo político, tal y como resulta expuesto en la filosofía de Spinoza, es la postulación

Aparece entonces en Spinoza una concepción también protésica de cuerpo: los cuerpos se componen, incluso de otros cuerpos-instrumentos-semillas-partes-artefactos, en busca de su regeneración. Pero esa regeneración se da con atención a una dinámica, o, si se quiere, a una velocidad, para que se pueda martillar y no haya embotamiento de los sentidos. La libertad se plantea aquí como esa posibilidad de poder encontrar el compás de la regeneración corporal, del martilleo. El sustraerse a la velocidad y al embotamiento, para darle al pensamiento la libertad de la pausa del encadenado, del martilleo, del pulso. Sólo así parece posible perfilar una oposición, una contradicción que habilite sentir de qué hay que liberarse. Esto implica revisar la imbricación entre liberación y actividad en Spinoza: no se trata simplemente de actuar *más*, sino de un actuar cuyo efecto sentido sea la *hilaritas*, una alegría que involucra a la vez al cuerpo y al alma, sin exceso. La liberación significa un actuar cualitativo, antes que productivista: no un incremento, sino muchas veces, un sustraerse y pausar.

Libertad e *hilaritas*

Spinoza trata a la libertad como la posibilidad de generar prácticas de liberación respecto de servilismos, en contextos o medioambientes que así lo propicien. Hacer esos medios-ambientes como lugar de vida es parte central de la cuestión: es, quizá, la

---

de un orden equivalente de conexión entre las ideas y las cosas, en el que el pensamiento se desenvuelve a partir del poder que poseen los cuerpos de afectar y ser afectados, del proceso de la inmanencia por el que los puntos de llegada se revelan como nuevos puntos de partida, y los actos humanos como intentos de favorecer la potencia de existir. El revés de lo teológico-político –crisis o repliegue– ilumina un saber de la libertad que recusa las coordenadas de orientación fijadas desde un centro de mando" (p. 134 y siguientes). Creo que sin pensar en ciertos afectos que disponen a la libertad como el reverso de lo político o un fondo de saberes, pero sí en el mismo sentido de desorientación respecto de lo esperado por el comando, escribía antes sobre revertir el cuerpo dado como servil, en este texto. Ver Sztulwark (2019).

cuestión política más relevante, porque no se trata de generar autómatas o esclavos obedientes, sino de generar ciudadanos, como se lee en el capítulo XX del *Tratado-Teológico Político*.

L. Bove (2022) relee así el afecto de la *hilaritas*: como una alegría sin exceso, que involucra a un cuerpo político social, y que se operacionaliza en la construcción política de contra-poderes, que eviten la concentración de la dominación y recreen la confianza del cuerpo social sobre su potencia. La *hilaritas* es un afecto de alegría por el favor de causas externas, pero esto no supone pasividad, sino una construcción política que, sostenida en la imaginación –y, por tanto, en cierta heteronomía–, tiende a cumplir con el deseo de no ser gobernado, a la vez que tener la ambición de gobernar, que está presente en todos los humanos. Bove operacionaliza esos contra-poderes, esas instituciones políticas, con la creación de un ejército en manos de ciudadanos (no regular), con evitar la heroicidad de los liderazgos y los salvadores, con favorecer la despersonalización del gobierno de los asuntos públicos y evitar el secreto y con la instauración de asambleas populares que vigilen la persistencia de la igualdad y de la libertad públicas.

La libertad, como práctica de ejercicio de contra-poderes, como prácticas y hábitos de recreación de la (auto)confianza del colectivo, surge entonces de ese doble deseo, que Spinoza da por hecho: el deseo de, por un lado, no ser gobernado por un igual, y, por el otro, la ambición de gobernar. De esta paradójica situación (que la libertad surja de un deseo contradictorio, intrincado, de dominación) se sigue una postulación política incómoda: la necesidad de enlazar prácticas de liberación con prácticas de igualación. Se trata de crear y mantener, con la vigilancia colectiva, que existan contrapoderes institucionales que resguarden la libertad y eviten la primacía de unos sobre otros: se trata de que quienes son iguales vigilen en acto la continuidad de esa igualdad. Porque, como escribe Spinoza en el *Tratado Político*: "Finalmente, dejando aparte otras cosas, es cierto que la igualdad, cuya pérdida lleva automática y necesariamente consigo la pérdida de la común libertad" (2008: 240).

El enlace entre libertad y igualdad, que se da por medio de la participación en instituciones, se siente en el cuerpo colectivo como *hilaritas*, como una alegría moderada, como una confianza, como un equilibrio, pero también –menos conservador–, como una distribución de los placeres en el cuerpo social. Contra la *titillatio*, ese goce que Spinoza considera malo, por afectar excesivamente una parte del cuerpo y capturarlo –o, para leerlo en clave política, contra la *titillatio* como aquel placer excesivo de la dominación de unos, que se funda en el displacer de los otros y en el desfondamiento de la democracia–, la *hilaritas* aparece como una alegría sostenida en la distribución equitativa de los placeres y el enriquecimiento proporcionado de los cuerpos, al interior de un colectivo.

La libertad, en relación indisoluble a la igualdad, implica prácticas corporales de ejercicios de liberación y de distribución de alegrías moderadas en un cuerpo político. No está dada ni está asegurada, porque no es del orden de lo que se tiene: no es don, no es derecho natural. Como no se tiene, no puede enajenarse. Por eso no hay posibilidad de decir que, aún consensuadamente, hubo una delegación de libertad en intercambio de algo. Ese carácter de lo que no se tiene instaura un quiebre entre dominación y consenso, que es la dupla clave de la modernidad política, y hace de Spinoza un elemento indigerible. La libertad en él es, más bien, aquello que se vive como *hilaritas* colectiva, una alegría y una confianza que se basan en el ejercicio ciudadano de participación y activa vigilancia, a través del involucramiento en instituciones políticas.

Para cerrar

El desafío de Spinoza es pensar la libertad en conjunto con la necesidad.[118] La libertad no puede pensarse como libre albedrío, ni como interrupción del entramado de lo real por la acción

---

118. Kolakowski escribe que el costo de concebir una libertad negativa, en las filosofías monistas, es la coherencia. "En tanto la creencia en la libertad, entendida como una cualidad negativa del sujeto, es la creencia en los comienzos absolutos, en la primordialidad perfecta, en la primordial espontaneidad de al menos algunos actos de un sujeto que actúa concientemente". Para él, como ya dijimos, Spinoza plantea antes que la libertad resida en una situación que en una cualidad subjetiva (2008: 279).

indeterminada de un sujeto, ni como expresión de una voluntad indiferente que se sustrae de esa nervadura. En esto radica "la cuestión Spinoza con la libertad" y su punto de quiebre abismal con el cartesianismo y, con él, con la modernidad política centrada en el consenso, la delegación y el deseo motorizado por la falta. Como bien escribe M. Chaui:

> Así como en el plano del conocimiento Descartes salva la libertad de la voluntad de la necesidad irresistible de las ideas evidentes y de su encadenamiento, gracias a la consideración de que la voluntad puede dar asentimiento a lo falso y suspender el juicio en lo dudoso, así también, en el plano ético, la necesidad no excluye el libre arbitrio, sino que le reserva un campo propio de acción, aquella ejercida sobre el deseo de las cosas posibles, pues lo posible fue lo que la Providencia reservó para nosotros. Es esto lo que Spinoza afirma haber demostrado ser enteramente falso. Es falso, por la parte II, que la suspensión del juicio indique la existencia de una voluntad absoluta o libre; es falso, por las partes III y IV, que el deseo sea una relación con lo posible, cuya realización depende exclusivamente de su determinación por nuestro libre arbitrio; es falso, por la parte I, que haya excepciones en los efectos necesarios de la potencia divina y que una cosa finita pueda determinarse a sí misma para existir o actuar o que pueda indeterminarse a sí misma después de determinada a existir y obrar de manera cierta y determinada por la potencia de su atributo. Ahora, es la definición del deseo como relación con lo posible o con lo ausente lo que permite a Descartes afirmar que podemos escoger las pasiones que deseamos tener y las que queremos rechazar, así como declarar el *imperio absoluto* de la voluntad. (2016: 535 y ss.)[119]

El punto de partida en Spinoza no es la libertad, sino la pasividad, la ignorancia y la dependencia. En esto, Spinoza se separa claramente del liberalismo: no se nace libre por derecho natural, ni siquiera se nace libre y se está encadenado –como Rousseau denuncia al inicio de *El Contrato social*– sino que se trata de disminuir, en lo posible, una vulnerabilidad y una dependencia que son estados que acompañan persistentemente la vida.

---

119. Traducción propia del portugués.

La dependencia no está solo en un origen –como podría ser la infancia–, destinada a ser revertida con gradualidad, sino que constituye un estado ontológico para los humanos, dado el ser parte entre partes de la naturaleza. Por tanto, crear marcos de menor dependencia y vulnerabilidad supone un esfuerzo (que puede o no darse) por construir medio-ambientes compartidos de relativa protección frente al vaivén de la fortuna y de relativa liberación. Se trata, como dice Susan James, de disminuir la servidumbre, porque el servilismo, antes que la libertad, hace a la situación humana (1993: 232). El servilismo es el punto de partida y, como se dijo, también un estado que puede acompañar la vida: ser esclavo de las pasiones (como afirma al inicio del prefacio de la parte IV de *Ética*), agitados por ellas como olas en el mar (EIII, 59, escolio), ser esclavo de arbitrariedades externas (como el infortunio, como al inicio del *Tratado Breve*), pero también ser esclavo de la ley, si no se comprende su sentido, si sólo se la obedece y ella está en interés de otro. Spinoza anuda en esa misma palabra estos sentidos disímiles.

La esclavitud es el estado de sujeción a un poder arbitrario externo. Bajo la misma referencia de arbitrariedad y heteronomía Spinoza involucra a las pasiones y a los poderes políticos. Esta articulación da una pista de cómo Spinoza piensa una libertad posible, aun cuando no sea ésta la última cima: constituir comunidades en donde se ejercite la libertad como *hábito*, como medio-ambiente propicio para la liberación, como temporalidad no fluctuante. Pero reducir la arbitrariedad de lo externo no puede ser un estado que trascienda la corporalidad, sino un crear un mundo que permita la duración en el tiempo del hábito de la libertad, algo que en H. Arendt se asemeja al cuidado del mundo. Un mundo donde se pueda razonar y actuar, pero también donde haya memoria de la libertad pasada como marco propicio para la futura.

La libertad no puede pensarse como una, como plena: se trata de grados, de múltiples formas posibles, signada siempre por el revertir la dependencia y dentro de límites. No hay una sola forma, no es una idea intemporal, ni es absolutizable. No depende de una decisión voluntarista de la mente por revertir aquello que sujeta. Si privilegiamos el punto de vista del cuerpo (que es solo un privilegio analítico, porque no hay mentes libres en cuerpos dóciles ni viceversa, como bien escribe W. Montag –1999: 41 y ss.–), se podría pensar que la libertad tiene que ver con: (1) disminuir la dependencia de la arbitrariedad de lo externo –por ejemplo, disminuir el miedo (y la esperanza), el riesgo de estar a merced del infortunio y tender hacia formas políticas libres e igualitarias, que sean contextos en los cuales poder hacer de la libertad un hábito colectivo, contextos en los cuales se recree el "amor por la libertad"[120]–; (2) ampliar el registro de las afecciones corporales, sin concentrarse obsesivamente en algunas partes del cuerpo en detrimento de otras, ni embotarse por la cantidad, la velocidad y el flujo continuo de estímulos externos, de manera que esas afecciones dejen marcas que el cuerpo pueda retomar, para otorgarles sentido, y puedan dar lugar a una imaginación del tiempo que afirme ese cuerpo en la existencia. De manera que esas marcas sean testimonio de una vida vivida. En otras palabras, esforzarse por conocer adecuadamente los afectos que padecemos y reordenarlos en el cuerpo (EV, 3, 4, 10). Y, por último, (3) actuar con relativa auto-determinación, sabiendo que: la auto-determinación absoluta está por fuera de las posibilidades de lo humano; que esa auto-determinación relativa implica conocer y actuar en un marco en el que se es apenas una parte; y que esa auto-determinación relativa involucra a otros, esto es, a contextos sociales y políticos

---

120. El amor por la libertad aparece en el escolio de la proposición 10 de la parte V de la *Ética*, pero también en el *Tratado Político* X, 8 e indirectamente en los capítulos 19 y 20 de *Ética* IV. En esa proposición, Spinoza sugiere seguir una norma de vida, una especie de hábito para evitar el odio, la ira, la avaricia, la concupiscencia, etc., mientras no se conozca adecuadamente la causa de los afectos y prevenirse así frente a los "peligros comunes de la vida". El amor por la libertad no es la libertad, sino su búsqueda práctica, un conjunto de ejercicios de vida. Se distingue así de la falsa libertad, que goza en señalar la falta ajena. Escribe Spinoza sobre el final del escolio: "Así pues, quien intenta moderar sus afectos y apetitos por el solo amor de la libertad, ese se afanará cuanto puede en conocer las virtudes y sus causas, y en henchir su ánimo con el gozo que surge de su verdadero conocimiento. Pero de ninguna manera en contemplar los vicios de los hombres y en denigrar a los hombres complaciéndose en una especie falsa de libertad". Al respecto, ver Luís Cesar Oliva (2024).

que la posibiliten.[121] En otras palabras: sabiendo que la libertad implica la búsqueda de actuar auto-determinado dentro de los límites de lo otro, de lo que constituye y excede.

Del recorrido por los múltiples senderos posibles de libertad, en la obra de Spinoza, no queda un único camino prefijado por recorrer. No hay una teleología dispuesta, porque la libertad no es un estado que alcanzar, ni una cualidad innata que se puede transferir por consenso, ni una decisión que tomar para –por fin– empezar a ser libre, sino prácticas que se experimentan en el cuerpo, a contrapelo de sujeciones que pueden precisarse y que cambian con el tiempo. Los sentidos que Spinoza le da a la libertad son contra-intuitivos, disruptivos frente a nuestra época –¿frente a todas las épocas?–, no inmediatamente evidentes, lejísimo de las consignas. Como si instalara sutilmente el deseo de su experiencia y dejara como tarea para quien lee las maneras posibles de esa experiencia, rumiando en cada cuerpo, en cada época.

---

121. Como bien escribe Vinciguerra: "El hombre es parte de la naturaleza y como tal no tiene ningún poder para autodeterminarse libremente, ni mentalmente, ni corporalmente: el cuerpo humano no es un individuo en sí mismo, sino que se afirma constantemente en otro y en otros; la mente humana no es el origen de las ideas, ella misma es una idea que tiene su causa en otro" (2020: 19).

LIBERTAD Y CUERPO

CAPÍTULO VI

Libertad y sacrificio
La referencia a la libertad
en la política argentina contemporánea[122]

— I —

La Argentina vive un *experimento* político. El dispositivo "experimento" surgió en el siglo XVII, en los orígenes de la ciencia moderna, en contraposición a la experiencia. El experimento, en tanto experiencia controlada, repetida y repetible, sujeta a normas y procedimientos, se distingue de la experiencia y, en general, la relativiza. El experimento corrige a la experiencia, la muestra ajena a la certeza y a lo confiable, y hasta se erige en disonancia abierta con ella. Producto de la división tajante que la modernidad trazó entre los sentidos y la realidad del mundo, el experimento no precisa de la confirmación ni del rechazo por parte de la experiencia. Peor para los sentidos si siguen afirmando que la tierra es inmóvil, como se dijera.

El experimento desecha además aquello que fracasa de la experiencia que lo conforma. La historia de la ciencia, como escribiera H. G. Gadamer, es el conteo de los experimentos exitosos y el olvido de los fracasos. Entre experimento y experiencia hay una diferencia radical en la práctica, que suele replicar la jerarquía entre los ámbitos científicos y mundanos.

---

122. Este trabajo fue leído con modificaciones en junio de 2024 en las Jornadas de Filosofía Política de la Universidad Nacional de Córdoba y de la Universidad Nacional de La Matanza.

El experimento político libertario que vive la Argentina enfatiza estas características típicas de la división entre experimento y experiencia. Este experimento político que vivimos no aloja a la experiencia mundana para recién entonces dar lugar a una acción política, sino que la desconoce. El experimento gubernamental –idealista como es– va por un lado, con sus propios criterios de validación, mientras que la experiencia cotidiana de la vida popular va por otro, como si recorrieran paralelas. Desde el experimento, no se pretende *representar* políticamente esa experiencia cotidiana, sino disociar al gobierno de ella y sustentar esta disociación en un mandato delegativo legitimador. Por eso, paradójicamente, el experimento político en andas no salda la crisis de representación de la Argentina, sino que la agudiza al extremo. Es un experimento disociado de la experiencia de vida de los muchos. Desconoce esa experiencia de empobrecimiento, no la representará, no la hará entrar en el conteo de haberes y déficits de un discurso formado como un *logos* voraz, sin ninguna fisura. Esa experiencia de vida de las mayorías es desechable, porque es ella la que cambiará de cuajo, si es que el experimento triunfa. Es una experiencia desechable, incluso para las mismas masas empobrecidas: hay que esperar, hay que aguantar, tener paciencia, sentencian y postergan.

Si alguna relación planteara este experimento político con la experiencia, es para transformarla. Transformarla a través de la negación de sí misma: reconocerla como una experiencia que, primero, debe desconocerse como tal y, por tanto, no reclamar para sí ninguna validez en contra del *logos*. Segundo, transformarla porque la erradicará en su forma actual en el futuro, si es que triunfa. Tercero, hay que transformar el régimen de la experiencia para anular la sensibilidad: no sólo la sensibilidad respecto del empeoramiento de las propias condiciones de vida, sino la sensibilidad respecto de las condiciones de vida de los demás. Como dijera Massimo De Carolis (2021: 73 y ss.): el experimento libertario trata de identificar a la sociedad con el estado de naturaleza pero sustraerse de la lógica que llevaba a la necesidad imperiosa de salir de ahí.

Por eso, el experimento político en andas es, por un lado, antipolítico. Desconoce la función más básica y hasta más pobre del lazo de obligación política moderna: el intercambio contractual de obediencia por protección. El Estado se retira de la protección social, porque lo que rige es el estado de naturaleza y en él, el Estado no tiene lugar.

— II —

El pilar del discurso anti-político del experimento en curso es el concepto de libertad. No se trata sólo de la libertad reducida a ser lo otro de la coerción –como la postula, por ejemplo, Friedrich von Hayek–, sino que conjuga ese mínimo contenido con una dimensión *sacrificial*. Quizá esta sea una característica extraña, marcadamente local, del experimento en curso: el agregado de un subrayado sacrificial, de una cierta filosofía de la historia, o de una épica que postula una temporalidad quebrada entre un presente de dolor y un futuro de redención, cuyo horizonte es indeterminado; entre un tiempo democrático, mundano, encorsetado institucionalmente y un tiempo mesiánico, liberado y puro.

La dimensión sacrificial, si se quiere, teológico-política del experimento, parece remitir a la tesis de la servidumbre voluntaria. Parece enfocar en la pregunta que G. Deleuze y F. Guattari retomaran de un Spinoza leído a la luz del libro de W. Reich, *Psicología de las masas del fascismo*: "¿por qué los hombres *combaten* por su servidumbre como si se tratase de su salvación?".

¿Por qué los hombres han soportado durante siglos la explotación, la humillación, la esclavitud, hasta el punto de desearla no sólo para los demás, sino para sí mismos? Nunca Reich se muestra más pensador que cuando se niega a invocar la ignorancia o la ilusión de las masas para explicar el fascismo, y exige una explicación por el deseo, en términos de deseo: no, las masas no se engañaron, desearon el fascismo en un momento dado, en unas circunstancias determinadas, y eso es lo que hay que explicar, esta perversión del deseo gregario. (Deleuze y Guattari, 1985: 46-47)·

La remisión a la servidumbre voluntaria, aun con la multiplicidad de sentidos posibles de esa tesis, parece ofrecer alguna interpretación a lo que sucede. El amo se erigiría como tal al responder a una demanda que ya estaba formulada, que ya estaba puesta. El amo ocuparía así un lugar *predispuesto*, que no se agota con él. De lo que se trataría no es de una mera sujeción, sino de su producción activa del dominio, por parte de la misma voluntad popular, que a la vez se doblega, se subyuga y se auto-domina, dividida y alienada como está.

Sin embargo, algo debe enfatizarse: no se trata aquí de por qué las masas preferirían la servidumbre y la obediencia, en lugar de luchar por la liberación, en lugar de rebelarse; sino de la dimensión activa, estrictamente de combate en pos de esa servidumbre y en pos de esa obediencia, que saca a quienes obedecen de toda pasividad. Los que sirven y obedecen al experimento también son sus combatientes, sus soldados, su "guardia pretoriana", en una movilización de fuerzas a la vez colectivas y singulares, que incluye soportar no estoicamente, no en un retiro del mundo, sino activamente lo que sucede, reforzando su carácter de elección y tomando al mundo como campo de la "batalla cultural". Los que sirven y obedecen, sobre todo combaten en una cruzada contra la tradición política del país, contra incluso lo que les beneficiaba de esa tradición y ahora les suena lejano, imposible de alcanzar, memoria de un tiempo perdido y frustrado, resto a enajenar y extirpar. Memoria de un *desiderium*, para usar el término que implica la frustración política del deseo, en la jerga de Spinoza.

La dimensión sacrificial de la libertad la emparenta con el dolor. En *Sobre el dolor*, Ernst Jünger (1995) la describe así: "solo con sacrificios es posible adquirirla, pues la libertad es costosa y acaso exija que dejemos al tiempo, como botín, la cualidad de los individuos y, tal vez, incluso la piel". Se trata de "cruzar el Jordán", de atravesar el desierto, como aparece en un discurso presidencial como el de J. Milei, plagado de referencias mesiánicas y bélicas a la vez. Es esto o la "catástrofe de proporciones bíblicas", como dijo.

Pero paradójicamente, la libertad asociada al dolor implica la negación de su reconocimiento público como *experiencia sentida*. Lo que se siente y se reconoce no es el dolor, no es la carencia, no es el empobrecimiento, no es el despojo, sino que todo esto es revertido por el sujeto militante como fortaleza: se trata de negar que sea dolor, carencia, pobreza, o despojo, porque ellos están travestidos en pasos graduales, que tendrán su recompensa. Son sacrificios, muestras de fuerza, signos del convencimiento, que opositores al libertarianismo interpretan como barreras cognitivas para reconocer lo evidente. Como un déficit de racionalidad. Para los adeptos, en cambio, se trata de poner el cuerpo y, a la vez, negar que ese cuerpo padezca sin un por qué. Se trata de resignificar la experiencia acostumbrada de la espera para inscribirla en un relato teleológico nuevo: esta vez el dolor sí tendrá sentido y así se verá como lo que es, dolores de parto.

La libertad asume entonces un contenido mínimo formal (salirse de la coerción enfocada en el Estado –y, por tanto, desmantelar ese Estado es des-esclavizarse–), pero, sobre todo, es un sacrificio, una creencia en un porvenir redentor, una postulación de una trascendencia que justificará los dolores presentes y los relativizará. Como bien lee Laurent Bove la tesis de la servidumbre voluntaria, aquí no hay confusión ni engaño:

> Los hombres no buscan la servidumbre por la servidumbre, la negación de su deseo por la negación de su deseo, sino por algo en la servidumbre, en esa negación, que es del orden de la salvación, es decir de la afirmación de la vida. Los hombres luchan por la servidumbre con el mismo ardor que si combatieran por su salvación porque buscan la salvación en la servidumbre. Es esta terrible paradoja lo que hay que afrontar: la servidumbre es un objeto paradójico porque implica, en su negatividad, algo que es naturalmente deseado. (1996: 193-194).

— III —

El experimento político en andas es popular. Tiene una alta penetración y aceptación en las clases populares. Pretende retrazar la adhesión política al interior de todas las clases y producir así una partición nueva del sistema político argentino. Puede hacerlo porque, a diferencia del macrismo, su *alterego* político, su origen es plebeyo.[123] Este plebeyismo de origen le permite denunciar con cierta verosimilitud a los que señala como privilegiados del sistema. O mejor, le permite reinterpretar a qué se le llama privilegiados del sistema. En la denuncia de *"casta"*, que es

---

123. Al respecto de la relación macrismo-mileismo, ver Catanzaro (2021).

un pilar del discurso gubernamental, no se incluye solo a la clase política y a quienes viven de un sueldo estatal –esto es, a la mayor parte de trabajadores en blanco, en un país con más del 50% de informalidad–, sean estos profesores universitarios, empleados públicos o pilotos de avión, sino también a sindicalistas, líderes de movimientos sociales y, paradójicamente, también a parte de la propia alianza electoral –por empezar, la vicepresidenta–. Excluye, sin embargo, a empresarios, sobre todo del rubro de las tecnologías y las finanzas, y facilitadores en sintonía con ellos, que, en general, ocupan puestos ministeriales destacados. La casta es el concepto-paraguas que aúna a quienes están relacionados laboralmente con el Estado –desde servidores públicos a políticos– con representantes de oligarquías tradicionales y activistas políticos.

La redivisión del término describe el perfil económico del experimento en cuestión, pero, sobre todo –dada la inmensidad de quienes son denunciados–, dice de su carácter de pretendida revolución social (conservadora). Hay un intento por retrasar la grieta, pero no sobre la base de la tradición histórica revisionista, sino para *aggiornarla* a un perfil económico pretendidamente modernizado y antiproductivista: el mundo de la vanguardia de los libre emprendedores *versus* los elementos de la vieja Argentina.

Esta experiencia modelística, sin embargo, la del libre emprendedor, no es nueva para la mayoría de quienes le apoyan, e incluso para quienes no lo hacen. Es, mejor, el perfil que asumió la economía argentina y su amplísima proporción de precarizados e informales. Solo que ahora, lo que se veía como el problema del mundo laboral, aquello que el Estado debía combatir –esto es, la informalidad–, se pone como presente y destino supuestamente elegido para ciertas dinámicas de vida –sobre todo, de jóvenes– que no construyen su identidad a través del trabajo, ni ven en el trabajo una vía para conseguir dinero. Dado que no habría forma de volver al pleno empleo, ni posibilidad ni voluntad de un trabajo registrado formal para las mayorías (y esto es verosímil), se trata de extender la situación de libre emprendedurismo al resto de la masa laboral, de modo que se eliminen las cargas que el Estado tiene en sostener al empleo público –y con él, a la mayoría de sus prestaciones y a todo concepto de universalidad y de territorio unificado asociados–.

El carácter de pretendida revolución social (conservadora) del experimento incluye así altas dosis de desconfianza y resentimiento social. E involucra una ruptura en la previsión que se tenía respecto de la lealtad política de los sectores populares. En otras palabras: pone en cuestión al peronismo y pesca en su pecera. Rompe la previsibilidad que el progresismo tenía respecto de cómo votaban esos sectores y repone divisiones imaginarias que hace tiempo no se daban en esta cosmovisión: el supuesto hiato entre ilustrades y no, entre las clases medias y las populares, entre la verdad y la falsa conciencia, entre el entendimiento y la creencia.

— IV —

El experimento político en andas afirma la ruptura entre libertad y *liberación*. A contramano de la tradición moderna, tal como la entiende Hannah Arendt, el experimento se desentiende de la liberación de la necesidad, de la protección de la vida de los gobernados, de la función misma del gobierno. Mucho más que eso: desconoce a la necesidad como problema social. La necesidad es, en todo caso, un vericueto que es exclusiva responsabilidad del individuo, que bien sabrá cómo hacerle frente. Pero este desprecio de la necesidad no restituye la vida política, sino que instaura un privatismo aun mayor: la vida política es despreciada por depender de una división entre lo público y lo privado hoy vaciada de sentido.

En *¿Qué es la libertad?*, Arendt afirma que la tradición filosófica desplazó la pregunta por la libertad desde su campo originario antiguo, el campo político, a la esfera del sí mismo, a la introspección. Habría así una pérdida, un "desplazamiento", una "distorsión" de la libertad como hecho político, que fue producida por la tradición de pensamiento filosófico. Le quitó su carácter mundano, su carácter de hecho de la vida cotidiana, compartido por los cuerpos en un espacio público, para volverla una pregunta metafísica, un estado interno, que no tiene por qué condecirse con la situación externa: para la tradición filosófica –antipolítica como es– se podría sentirse libre mientras se era esclavizado.

Esto supone una distorsión de la libertad, pero también una transformación radical de lo político, porque la libertad, aun cuando no pueda decirse que sea más que por momentos excepcionales el objetivo explícito del actuar político –Arendt describe a esos momentos excepcionales como de crisis o revolución– es la *razón* de que los hombres y las mujeres vivan juntos en una situación política. Dice en *¿Qué es la libertad?*:

> Además, el de la libertad no es uno más entre los muchos problemas y fenómenos del campo político propiamente dicho, como lo son la justicia, el poder o la igualdad; muy pocas veces constituida en el objetivo directo de la acción política –sólo en momentos de crisis o de revolución–, la libertad es, en rigor, la razón de que los hombres vivan juntos en una organización política. Sin ella, la vida política como tal no tendría sentido. La *raison d'être* de la política es la libertad, y el campo en el que se aplica es la acción. (Arendt, 1996: 158).

Si la libertad es la *razón* de la vida política, que la libertad haya sido desplazada por la tradición de pensamiento a ser un estado de introspección, hace tambalear el modo de existencia de la política moderna. Le quita su causa. Vuelve a la libertad ex/céntrica, desplazada, descentrada. Lo político adopta otra referencia como central: en los modernos, esa referencia es la seguridad.

El experimento del gobierno anarco-capitalista argentino, sin embargo, no se sostiene en el clásico lazo de obligación moderna de protección por seguridad, sino que, por el contrario, asocia a la libertad con la extensión de la inseguridad social, con la producción activa de intemperie social. Se trata de producir inseguridad (a través de la desregulación laboral, el crecimiento del desempleo, el encarecimiento masivo de las condiciones de vida y de una producción de recesión que detiene –por nulidad de consumo– la inflación). Se trata de extender la inseguridad que sentían quienes vivían en la precarización al resto de la sociedad: reducir el empleo estatal, desconocer regulaciones, estabilidades y derechos, erosionar el poder de compra de los salarios, reducir la capacidad de ahorro, sobre todo de clases medias, minimizar jubilaciones y pensiones. Se trata de generar una economía de estado de naturaleza, en la que no se pueda siquiera prever cuál será la moneda en la que se podrá generar intercambios económicos en el futuro.

En un país "nacido liberal", como dijera Tulio Halperín Donghi, en el que el liberalismo vernáculo no sólo fue hegemónico sino la matriz del comportamiento político más allá de diferencias ideológicas, como afirma Leandro Losada, el experimento del gobierno de Javier Milei postula en una libertad distinta, no sólo de la que sostenía ese liberalismo vernáculo (que asociaba a la libertad con la unidad territorial, cifrada en el Estado), o de la libertad que sostenía el republicanismo local (una libertad asociada a la virtud cívica y el combate a la corrupción, la participación e incluso la insurrección armada para defender la patria, como reza el artículo 21 de la Constitución).

La libertad del anarco-capitalismo, en cambio, no es la libertad de ese liberalismo, porque des-estatiza y enfatiza las diferencias territoriales en un país vastísimo como la Argentina. No es la libertad del republicanismo, porque si bien no propone la apatía, tampoco la participación, salvo en la forma de la propaganda y el hostigamiento. Se trata de la descalificación de la política para todo lo que no sea la apertura de negocios y también de una reestructuración de los actores políticos (entre propios y ajenos). Para los ciudadanos, se trata de la libertad de arreglarse como se pueda, con los lazos privados que se tengan, en un Estado deficitario y en retirada, con una economía desregulada y cada vez más dependiente de enclaves de extractivismo y de la producción agrícola. En otras palabras, es una libertad que se desentiende de la liberación de la necesidad como problema colectivo.

El experimento político en curso, entonces, también supone que entre libertad y liberación hay un hiato. Pero no porque para que una exista haya que dar a la otra por saldada, como quería H. Arendt, sino porque libertad y política son para él opuestos y la necesidad no es un problema gubernamental. La libertad es pensada sólo como lo que surge de la competencia mercantil, en todos los ámbitos. En este sentido, el gobierno se declara superfluo, en acto: ni gestor, ni ejecutor, ni planificador, ni parche. Es aquello que pervive como resto anacrónico en tanto se pueda encontrar el mecanismo de mercado que lo releve. Una pre-plataforma.

El experimento político en curso enrareció el clima del debate *público*. La dificultad del campo político argentino para alojar el pluralismo, como bien afirma L. Losada, no es un tema nuevo. Sin embargo, no se trata de una mera homogeneización de opiniones o de cierta dificultad para reconocer a la alteridad en el debate. Tampoco de personalidades más o menos estridentes, patologías, modales o de "estilos de liderazgo". Se trata de la habilitación, en el discurso público y por parte de autoridades públicas, para la expresión de enunciados intolerantes, sexistas y violentos y descalificaciones: son "ratas" los legisladores, "eliminados" los empleados estatales cuyos contratos se anulan, "mogólicos" los que no comparten el diagnóstico económico, "imbéciles" y "ensobrados" los periodistas (incluso los propios). Se usa a la libertad de expresión, para tornarla contra sí misma: un decir que infecta la convivencia social. Se trata del levantamiento de la barrera inhibitoria, pero también de la provocación: se elimina el ministerio de mujeres y disidencias el día en que se demanda en las calles por la violencia sexista (el gobierno entendió más que nadie que los derechos a mujeres y disidencias no eran lo anecdótico y superfluo de una democracia que se quisiera igualitaria). Esta descalificación constante y focalizada no es sólo discursiva: a las escenas de la motosierra de la campaña electoral se le suman ahora escenas de ametralladora en un (retornado) desfile militar, el día de la independencia, en el primer año de gestión. Un país en shock, atónito, negador o acólito reproduce infinitas veces las imágenes de esas escenas, en la trampa de la reproducción que asocia reposteo con centralidad o incluso monopolio de la agenda política.

El experimento en curso hace del espacio público un espacio bajo sospecha –desde los medios de comunicación a la universidad y la escuela–. Por eso, el llamado a la censura, el retiro a lo privado, la fuga de la "distopía", la conversación endogámica. El experimento, sin embargo, tiene la fuerza de la revelación: la revelación de que la Argentina que suponíamos –desde las ciencias sociales al menos– no es tal como la suponíamos. El consenso de las cuatro décadas de democracia, desde 1983 hasta hoy, se sostenía en que no se resolvían más los conflictos por la violencia política, en que los derechos humanos eran un pilar de la democracia y en que la democracia era no sólo un régimen político, sino una forma de vida, abierta, sostenida en derechos civiles amplios y arraigada en el igualitarismo como anhelo y sedimento histórico del país. Ese consenso cruje y los actores políticos a los que les resultaba defendible, también.

— VI —

Por eso, el experimento tiene otro costado, uno profundamente político. El gobierno ejercita una concepción de la política como aquel dispositivo que intensifica los conflictos sociales. Lejos de la moderación y muy lejos de la neutralización que el liberalismo atribuye a la política –neutralizarla, porque el gobierno liberal ideal es económico–, el libertarianismo argentino interviene azuzando el conflicto social, en un escenario que describe como de batalla y de oportunidad providencial.

Su apoyo popular proviene del modo en que intervino en la crisis inflacionaria que fue política de Estado en los gobiernos anteriores. La inflación recurrente y persistente en la Argentina produjo una sociedad agobiada y desconfiada de sus propias fuerzas. Porque, como bien leen M. Aglietta y A. Orléan, la moneda es otra cosa que un medio de intercambio: expresa la potencia social, expresa el imperio de la autoridad soberana y su circulación aceptada indica la pertenencia a un orden social.[124] La crisis inflacionaria –o la vida en crisis inflacionaria, dada su mera gestión política, por años– desató fuerzas violentas, que la

---

124. Aglietta y Orléan describen, a mi juicio, punto por punto las fases de la crisis inflacionaria y resulta para el/la lector/a argentino/a una teorización vívida de la experiencia y de su retorno. Ver al respecto, sobre todo, el libro que lleva por título *La violencia de la moneda*. Quisiera recordar a Marcelo Matellanes, que hace décadas daba clase sobre estos textos, como clave de lectura de la Argentina (y nosotres, por consiguiente, como parte de su cátedra de "Economía Internacional" en la carrera de Ciencia Política de la Facultad de Ciencias Sociales de la Universidad de Buenos Aires).

sociedad no podía controlar: la liberación de un deseo voraz de riqueza, la desesperación por encontrar un medio que resguardara activos y ahorros, mecanismos indexatorios constantes en los precios y el rechazo del peso nacional. Y con él, el rechazo del Estado argentino, como autoridad de origen de la moneda. La población argentina recordó que prefiere como moneda nacional una no estatal, como es el dólar, y repudió a la vez a la moneda y al Estado, íntimamente imbricados.[125]

El experimento libertario magnificó esa crisis en sus diagnósticos y la tomó como el punto de partida infernal que sirve de respaldo político. Produjo un doble juego: por un lado, se habló de dolarizar y de cerrar el Banco Central –esto es, de darle un definitivo cierre a la puja distributiva y quebrar de una vez la relación soberanía-moneda–. Por el otro, el gobierno produjo una estabilización monetaria en la que hay perdedores y ganadores y esto reposicionó al Estado como actor. El peso se revalorizó –incluso se sobrevalorizó– y con él –paradójicamente, para un presidente que se define anarquista–, se fortaleció el poder gubernamental *en y contra* la autoridad estatal.[126] En otras palabras, se magnificó el tamaño de la crisis que supuestamente se enfrentaba como medio para habilitar canales discrecionales de decisión política. Se revalorizó la moneda y con ella la autoridad. *Se trata de la autoridad y del poder del gobierno en y contra la autoridad del Estado*: un gobierno concentrado y de pocos, una minoría intensa (tal como se le llamó al kirchnerismo) con una retórica y una práctica antiestatal, que comanda un ataque al empleo público, a la función distribucionista y regulativa del Estado, a su capacidad de protección social, desde la cúpula misma del Estado.

Un compás de espera está abierto (se viene la ¿dolarización? ¿canasta de monedas? ¿apertura del cepo cambiario?), pero el

---

125. Sobre el impacto del dólar en el imaginario argentino ver Luzzi y Wilkis (2019).

126. Trazo aquí una distinción entre poder y autoridad, siguiendo a H. Arendt. Para ella, la clave del poder es la persuasión; la de la violencia, la coacción; en tanto que la autoridad se juega en el reconocimiento a la investidura. Como se sabe, Arendt hablará del eclipse de la autoridad en la modernidad, que aparece como sub-fenómeno del poder (2015: 147-8). Para un análisis, ver Nosetto (2024: introd.).

LIBERTAD Y CUERPO

gobierno hace política monetaria como aquella en la que se deciden ganadores y perdedores y por medio de la cual se impone un (otro) orden. La paradoja del experimento libertario es que reconstruye la *autoridad –esto es, la creencia–*, pero de una forma dividida: hace jugar el poder y la autoridad del gobierno contra la autoridad del Estado, desde las filas mismas del Estado. Y esta reconstrucción paradójica, anómala, conecta con un deseo popular profundo de orden y rumbo, que es su mayor sustento.

— VII —

Al experimento libertario se lo sobreinterpreta en la academia y los medios de comunicación. Se le adjudican bibliotecas, teorizaciones sofisticadas, redes internacionales de apoyo. Hay cierta fascinación, que paraliza. La historia argentina, sin embargo, insiste: se lee en él, en este primer año de gestión, cierto *aggiornamiento* y una mezcla entre las recetas típicas del librecambismo nacional con una retórica inmoderada y desinhibida y con modos de organización novedosos.

Hay en el gobierno –y esto será su resto– un *desprecio a la democracia*, si por democracia se entiende la forma política que surge de la imposibilidad de afirmar que exista *una* verdad. El experimento libertario, como el libertarianismo teórico que se le adjudica, cree firmemente que esa verdad sí existe y peor para la democracia, si no se le ajusta y la reconoce.

Esa verdad surgiría del orden espontáneo que aflora de los precios de mercado: él determinaría cuáles son las profesiones que deben conservarse, cuáles son los grupos que deben existir, cuáles son los intereses que deben prevalecer. Para el libertarianismo, no hay que intervenir para salvar a nadie ni para conservar nada, porque la intervención corrompe y pone coerción, donde hay libertad natural. De ahí que la justicia social sea un blanco predilecto de la batalla cultural del gobierno. La justicia social es, para él, un mecanismo que es injusto para con los ganadores naturales. O como escribieron Milton y Rose Friedman:

> Cuando votamos cada día en el supermercado, conseguimos exactamente lo que hemos votado, y lo mismo ocurre con

todas las demás personas. La urna de votaciones da lugar a un sometimiento sin unidad; el supermercado, por el contrario, a una unidad sin sometimiento. (1980: 99).

El experimento libertario argentino no se define por su poder electoral –que seguro lo tendrá, en futuras elecciones–, porque la política le resulta redundante. Es algo que debe hacer porque no todos son racionales, ni quieren plegarse voluntariamente a la evidencia científica de la economía. La política es algo que debe encarar como una carga divina, una misión profética. El experimento, en cambio, se define por su capacidad para sostener la creencia popular, fuertemente teológica, de que se necesitaba "cirugía mayor, sin anestesia"[127] y que, como fruto de este período de sufrimiento, surgirá un orden purificado, expurgado de excesos y desviaciones: el orden moral de los "argentinos de bien", en el que los que se plegaron a la libertad recibirán su posición, de acuerdo con el *mérito* de sus esfuerzos.[128]

---

127. La frase corresponde a Carlos Menem, dos veces presidente de la Argentina, entre 1989 y 1999.

128. La relación debilidad-libertad-mérito se lee en Nietzsche (1998: 53).

LIBERTAD Y CUERPO

BIBLIOGRAFÍA

ABDO FEREZ, C. (2024) "La libertad de los libertarios". Prólogo, en Abdo Ferez, C. y Fernández Peychaux, D. (comps.). *La libertad tiene espinas.* Buenos Aires: Eudeba.

AGLIETTA, M. y ORLÉAN, A. (1990) *La violencia de la moneda.* México: Siglo XXI editores.

AGUIRRE, S. (2005) "Cambiando de perspectiva: cautivos en el interior de la frontera". X Jornadas Interescuelas/Departamentos de Historia. Escuela de Historia de la Facultad de Humanidades y Artes, Universidad Nacional del Rosario. Departamento de Historia de la Facultad de Ciencias de la Educación, Universidad Nacional del Litoral, Rosario.

ALARY, P. y otros (2019) *Teorías institucionalistas de la moneda: la escuela francesa. Antología.* Bernal: Universidad Nacional de Quilmes.

ALCOLOUMBRE, Thierry (2004) "Note sur le premier marteau de Spinoza (et quelques penseurs juifs)", *Lés études philosophiques*, Vol. 71, Nº 4, 523-533.

ARENDT, H. (1973) *Sobre la violencia,* en *Crisis de la República.* Madrid: Taurus.

ARENDT, H. (1996) "¿Qué es la libertad?", en *Entre el pasado y el futuro. Ocho ejercicios sobre la reflexión política.* Barcelona: Península.

ARENDT, H. (2015) *Crisis de la república.* Buenos Aires: El cuenco de plata.

ASHCROFT, C. (2021) *Violence and Power in the Thought of Hannah Arendt.* Philadelphia: University of Pennsylvania Press.

BALIBAR, E. (2013) "Politics of the Debt", en <Pomoculture.org>, disponible online.

BALIBAR, É. (2015) *Violence and civility. On the limits of Political Philosophy.* Nueva York: Columbia University Press.

BARROS, Á. (1975 [1877]) *Indios, frontera y seguridad interior.* Buenos Aires, Solar/Hachette.

BATTHYÁNY, K. (2020) *Miradas latinoamericanas a los cuidados.* Buenos Aires/Ciudad de México, CLACSO-Siglo XXI.

BECHIS, M. (1989) "Los liderazgos políticos del área Arauco-pampeana del siglo XIX". Ponencia en el I Congreso Internacional de Etnohistoria. Buenos Aires.

BENJAMIN, W. (1985) "Kapitalismus als Religion", en *Gesammelte Schriften*, Bd. VI. Tiedemann, Rolf y Schweppenhäuser, Hermann (eds.), Frankfurt a. M., Suhrkamp.

BERARDI, F. (2017) "El aceleracionismo cuestionado desde el punto de vista del cuerpo", en Avanessian, A. (et al.). *Aceleracionismo. Estrategias para una transición hacia el postcapitalismo.* Buenos Aires: Caja Negra.

BERLIN, I. (1988) *Cuatro ensayos sobre la libertad.* Madrid: Alianza.

BERLIN, I. (2004) *La traición de la libertad. Seis enemigos de la libertad humana.* México: Fondo de Cultura Económica.

BLENGINO, L. (2024) *Nacimiento de la modernidad y gubernamentalización del Estado. Historia (geo)política de las artes de gobernar en Michel Foucault.* San Justo: UNLaM.

BOBZIEN, S. (1998) *Determinism and Freedom in Stoic Philosophy.* Oxford University Press.

BOLTANSKI, L. y CHIAPELLO, É. (2002) *El nuevo espíritu del capitalismo.* Madrid: Akal.

BOSCHÍN, M.T. y FERNÁNDEZ, M. (2017) "La restitución de los cráneos de Chipitruz, Gherenal, Indio Brujo y Manuel Guerra a Representantes de Comunidades Originarias. Un acto de reparación histórica". *Revista Atek 6.*

BOVE, L. (1996) *La stratégie du conatus: affirmation et résistance chez Spinoza.* París: Vrin.

BOVE, L. (2022) "De la confianza política: construir la *hilaritas* democrática". Traducción de G. Ricci Cernadas. *Revista Conatus,* vol 14, nº 12.

BUTLER, J. (2020) *La fuerza de la no violencia.* Buenos Aires: Paidós.

BUTLER, J. (2022) *What World is This? A Pandemic Phenomenology.* New York: Columbia University Press.

BUTLER, J. (2024) *¿Quién le teme al género?* Buenos Aires: Paidós.

CADAHIA, L. (2024) *La república de los cuidados. Hacia una imaginación política del futuro.* Barcelona: Herder.

CALVEIRO, P. (2008) *Poder y desaparición. Los campos de concentración en Argentina.* Buenos Aires: Colihue.

CATANZARO, G. (2021) *Espectrología de la derecha. Hacia una crítica de la ideología neoliberal en el capital-ismo tardío.* Buenos Aires: Cuarenta Ríos.

CAVALLERO, L. y GAGO, V. (2019) *Una lectura feminista de la deuda.* Buenos Aires: Fundación Rosa Luxemburgo.

CAVARERO, A. (2009), *Horrorismo. Nombrando la violencia contemporánea.* Barcelona: Anthrophos.

CHAUI, M. (2016) *A nervura do real II. Imanência e Liberdade em Spinoza.* San Pablo: Companhia das Letras.

CRISTOFOLINI, P. (1985) "*Esse sui juris* e scienza política". *Studia Spinozana. An international and interdisciplinary series,* (1), pp. 53-71.

CUESTA, M.; WEGELIN, L. e IPAR, E. (2022) "El asalto a la razón democrática". *Revista Anfibia,* 2022, disponible *online.*

DE CAROLIS, M. (2021) *El revés de la libertad: ocaso del neoliberalismo y malestar en la civilización.* Buenos Aires: Red editorial.

DE GAINZA, M. (2007) "La negatividad interrogada". en Tatián, D. y otros. *Spinoza. Tercer coloquio.* Córdoba: Brujas, pp. 33-42.

DE PALMA, M.P. (2009) "Recluídas y marginadas: el Recogimiento de mujeres en el Buenos Aires colonial". Tesis de grado. Repositorio digital de la Facultad de Filosofía y Letras de la UBA, disponible *online.*

DELEUZE, G. y GUATTARI, F. (1985) *El Anti Edipo. Capitalismo y esquizofrenia.* Barcelona: Paidós.

DERRIDA, J. (1978) "Violence and Metaphysics: An Essay on the Thought of Emmanuel Levinas", en *Writing and Differance,* University of Chicago Press, pp. 79-153.

DESCOLA, P. (2012) *Más allá de la naturaleza y la cultura.* Buenos Aires: Amorrortu.

DIRECCIÓN DE INFORMACIÓN PARLAMENTARIA DEL CONGRESO DE LA NACIÓN (1991). *Tratamiento de la cuestión indígena.* Serie de estudios e investigaciones, 2. Buenos Aires.

EIFF, L. (2024) *La línea de sombra. Pensar el Estado, reformar la democracia*. Los Polvorines: UNGS.

ERICKA (2008) "Tempo, duração e eternidade na filosofia de Espinosa", Tesis de doctorado en la Universidad de San Pablo, Brasil. Disponible *online*.

ESPOSITO, R. (2017) *Personas, cosas, cuerpos*. Madrid: Trotta.

FALQUET, J. (2022) *Imbricación: más allá de la interseccionalidad. Mujeres, raza y clase en los movimientos sociales.* Buenos Aires: Madreselva.

FEDERICI, S. (2022) *Más allá de la periferia de la piel. Repensar, recuperar y reconstruir el cuerpo en el capitalismo contemporáneo.* Online: Ediciones Corte y Confección. Conferencia 2, pp. 29-42.

FEDERICI, S. (2011) "Sobre el trabajo de cuidados de las personas mayores y los límites del marxismo", en C. Borderías, C. Carrasco y T. Torns (eds.). *El trabajo de cuidados: historia, teorías y política*. Madrid, FUHEM Ecosocial y La Catarata, pp. 388-409.

FRASER, N. (2016) "El capital y los cuidados". *New Left Review* 100, pp. 11-133.

FRIEDMAN, M. y FRIEDMAN, R. (1980) *Libertad de elegir. Hacia un Nuevo Liberalismo Económico*. Barcelona-Buenos Aires-México, D. F: Ediciones Grijalbo.

GAGO, V. "¿Quién le teme al género? Judith Butler y las batallas ideológicas de la extrema derecha", Revista *Nueva Sociedad*, agosto de 2024. Disponible en <https://nuso.org/articulo/butler-genero-extrema-derecha/>

GAGO, V.; CAVALLERO, L. y FEDERICI, S. (2021) *¿Quién le debe a quién? Ensayos transnacionales de desobediencia financiera*. Buenos Aires: Tinta Limón.

GAGO, V.; CAVALLERO, L. y PEROSINO, C. (2021) "¿De qué se trata la inclusión financiera?", *Realidad Económica*, nº 51.

GAGO, V.; CAVALLERO, L. y PEROSINO, C. (2024) "Cartografía de lo invisible: cuestiones metodológicas sobre deuda, inclusión y violencia", *Realidad Económica*, nº 54.

GAGO, V.; MONTANELLI, M. y otras (2018) *8M. Constelación feminista.* Buenos Aires: Tinta Limón.

GATENS, M. y LLOYD, G. (1999) *Collective Imaginings. Spinoza, Past and Present.* Londres y New York, Routledge.

GIRARD, R. (2012) *El sacrificio.* Madrid: Encuentro.

GRAEBER, D. (2012) *En deuda: una historia alternativa de la economía.* Barcelona: Ariel.

GRIMSON, A. (comp.) (2000) *Fronteras, naciones e identidades. La periferia como centro.* Buenos Aires: La Crujía.

GUEROULT, M. (1974) *L'âme (Ethique, II).* París: Aubier Montaigne.

HALPERÍN DONGHI, T. (1998) "Argentina: Liberalism in a Country born Liberal", en J. Love y N. Jacobsen (eds.). *Guiding the Invisible Hand: Economic Liberalism and the state in Latin American history.* New York: Praeger.

HAMPSHIRE, S. (1973) "Spinoza and the Idea of Freedom", en Grene, M. *Spinoza. A Collection of Critical Essays.* New York: Anchor Books.

HARAWAY, D. (1991) "Manifiesto para cyborgs. Ciencia, tecnología y feminismo socialista a finales del siglo XX", en *Ciencia, cyborgs y mujeres. La reinvención de la naturaleza.* Madrid: Cátedra.

HILB, C. (2001) "Violencia y política en la obra de Hannah Arendt". *Revista Sociológica de la UAM-México*, vol. 16, nº 47: 11-44.

HIMMELWEIT, S. (2018) "Domestic Labour" en *The New Palgrave Dictionary of Economics*, Londres.

HIRSCHMANN, N. (2003) *The Subject of Liberty. Towards a Feminist Theory of Freedom.* Princeton University Presss.

HOLMES, S. y SUNSTEIN, C. (1999) *The Cost of Rights. Why Liberty depends on taxes.* Nueva York y Londres, W.W.Norton & Company.

JAMES, S. "Freedom, Slavery, and the Passions", en Koistinen, O. (ed.). *The Cambridge Companion to Spinoza's* Ethics. New York: Cambridge University Press, pp. 223-242.

JAMES, S. (1993) "Spinoza the Stoic", en Sorell, T. (ed.). *The Rise of Modern Philosophy.* Oxford University Press, pp. 289-316.

JASPERS, K. (1961) *La bomba atómica y el futuro de la humanidad.* Buenos Aires: Fabril.

JAY, M. (2009) *Cantos de experiencia. Variaciones modernas sobre un tema universal.* Barcelona: Paidós.

JÜNGER, E. (1995) *Sobre el dolor.* Seguido de *La movilización total* y *Fuego y Movimiento.* Barcelona: Tusquets.

KESSLER, G. y ASSUSA, G. (2022) *Pobreza, desigualdad y exclusión social.* Buenos Aires, Foro Universitario-Argentina Futura. Disponible *online.*

KISNER, M. J. (2011) *Spinoza on Human Freedom. Reason, Autonomy and the Good Life.* Reino Unido: Cambridge University Press.

KLOSSOWSKI, P. (2003) *La moneda viviente.* Buenos Aires: Las cuarenta.

KOLAKOWSKI, L. (1973) "The Two Eyes of Spinoza", en Grene, M. *Spinoza. A Collection of Critical Essays.* New York: Anchor Books, pp. 279-297.

LACAPRA, D. (2005) *Escribir la historia, escribir el trauma.* Buenos Aires: Nueva visión.

LALEFF ILIEFF, R. (2020) *Lo político y la derrota. Un contrapunto entre Antonio Gramsci y Carl Schmitt.* Madrid: Guillermo Escolar Editor.

LAVAL, C. y DARDOT, P. (2013). *La nueva razón del mundo. Ensayo sobre la sociedad neoliberal.* Barcelona: Gedisa.

LAZZARATO, M. (2015) *Gobernar a través de la deuda. Tecnologías de poder del capitalismo neoliberal.* Buenos Aires: Amorrortu.

LESGART, C. (2024) *Dictadura: significados y usos de un concepto político fundamental.* Buenos Aires: CLACSO.

LOSADA, L. (2024) *Liberalismo y democracia en la Argentina. Claves históricas de una relación sinuosa.* San Martín: UNSaM.

LUDUEÑA ROMANDINI, F. (2010) "Los fundamentos onto-teológico-políticos de la mercancía y del dinero. Una incursión en los orígenes de la religión capitalista", en *Recordando a Benjamin, Justicia, historia y verdad. III Seminario Internacional Políticas de la Memoria.* Disponible *online.*

LUDUEÑA ROMANDINI, F. (2019) "El ascenso del ágora digital: Transformaciones del espacio público en la era del capital intangible como religión". *Revista Digithum,* 24, 7: 1-12.

LUZZI, M. y WILKIS, A. (2019) *El dólar: historia de una moneda argentina (1930-2019).* Buenos Aires: Crítica.

MACHEREY, P. (2014) *Hegel o Spinoza.* Buenos Aires: Tinta Limón.

MACKINNON, C. (1991) *Toward a Feminist Theory of the State.* Harvard University Press.

MAGALLANES, J. y STELLA, V. (2022) "Restituciones de restos humanos indígenas en Argentina: trayectorias de luchas, enfoques disciplinares y desafíos pendientes". *Cuadernos del Instituto Nacional de Antropología y Pensamiento Latinoamericano* 31 (2): 49-63.

MALABOU, C. (1990) "Economie de la violence, violence de l'économie (Derrida et Marx)", *Revue philosophique* 2.

MALOSETTI COSTA, L. (1994) "Rapto de cautivas blancas. Un aspecto erótico de la barbarie en la plástica rioplatense del siglo XIX", en Curiel Méndez, G.: González Mello, R. y Gutiérrez Haces, J., coords., *Arte, historia e identidad en América: visiones comparativas : XVII coloquio internacional de historia del arte*, Vol. 2. Disponible *online* en: <https://www.academia. edu/21979780/4_Rapto_de_cautivas_blancas_Malosetti_Costa>.

MANENT, P. (1990), *Historia del pensamiento liberal.* Buenos Aires: Emecé.

MAUSS, M. y HUBERT, H. (2019) *Ensayo sobre la naturaleza y función del sacrificio.* Buenos Aires: Waldhuter editores.

MELAMED, Y. (2012) "Omnis determinatio est negatio", en Melamed y Förster, E. (eds.). *Spinoza and German Idealism.* Cambridge University Press.

MENZEL, A. (1929) *Beiträge zur Geschichte der Staatslehre.* Viena, Austria y Leipzig, Alemania: Hölder-Pichler-Tempsky.

MONDOLFO, R. (1949) "Spinoza y la noción del progreso humano", en *Babel*, Santiago de Chile.

MONDOLFO, R. (1960) "Gérmenes en Bruno, Bacon y Espinosa del concepto marxista de la historia". En *Marx y el marxismo.* México: Fondo de Cultura Económica.

MONDOLFO, R. (1976) "La contribución de Spinoza a la concepción historicista", en *Homenaje a Baruch Spinoza.* Museo Judío de Buenos Aires, pp. 163-175.

MONTAG, W. (1999) *Bodies, Masses, Power. Spinoza and his Contemporaries.* Londres-New York: Verso.

MUGUETA, M. (2015). La categoría de "Frontera", un anclaje teórico para la interpretación de la línea de fuertes de la frontera sur en la Provincia de Buenos Aires en el período 1830-1860. *Revista TEFROS* – Vol. 13, nº 2, pp. 108-125.

NAVARRO FLORIA, P. (2002). El desierto y la cuestión del territorio en el discurso político argentino sobre la frontera Sur (1853-1879). *Revista complutense de historia de América*, nº 28, pp. 139-168.

NEGRI, A. (2021) *Spinoza, ayer y hoy.* Buenos Aires: Cactus.

NIETZSCHE, F. (1998) *Genealogía de la moral.* Buenos Aires: Alianza.

NOSETTO, L. (2024) *Republica christiana. Arqueología de la autoridad.* Buenos Aires: Las cuarenta.

NUSSBAUM, M.C. (2014) *Emociones políticas. ¿Por qué es importante el amor para la justicia?* España: Paidós.

OLIVA, L.C. (2024) "As bases ontológicas da liberdade de opinião no *Tratado Teológico Político*". *Revista Dois Pontos* 21, nº 1, junio, pp. 32-44.

OPERÉ, F. (2006). La frontera como argumento y articulación teórica en la cultura y la literatura argentina. *BROCAR*, 30, pp. 193-205.

PARKINSON, G. H. R. (1975) "On the Power and Freedom of Man", en Freeman, E. y Mandelbaum, M. *Spinoza. Essays in Interpretation.* Illinois: Open Court, pp. 7-35.

PAUTASSI, L. (2018) "El cuidado como derecho. Un camino virtuoso, un desafío inmediato". *Revista de la Facultad de Derecho de México*, Tomo LXVIII, nº 272, Septiembre-Diciembre, pp. 717-742. Disponible *online* en: <http://dx.doi.org/10.22201/fder.244889 33e.2018.272-2.67588>.

PEDROTTA, V.; LANTERI, S. y DUGUINE, L. (2012) "En busca de la tierra prometida. Modelos de colonización estatal en la frontera sur bonaerense durante el siglo XIX". *Revista Nuevo Mundo.* Disponible *online* en: <https://journals.openedition.org/ nuevomundo/64168?lang=pt>.

PIANTONI, G., & MARINETTI, C. (2023) Del inventario al mausoleo: la restitución de los restos de Cipriano Catriel en clave histórica. *Revista Del Museo De Antropología*, 16(1), pp. 97-112.

PITCH, T. (2014) "La violencia contra las mujeres y sus usos políticos". *Anales de la Cátedra Francisco Suárez*, 48, pp. 19-29.

PROKHOVNIK, R (2004) *Spinoza and Republicanism.* New York: Palgrave Macmillan.

RAS, N. (2005) "Una paradoja histórica. La guerra por las vacas". Disertación en la Academia Nacional de Agronomía y Veterinaria. Disponible *online*.

RATTO, S. (2001). El debate sobre la frontera a partir de Turner. La New Western History, los Borderlands y el estudio de las fronteras en Latinoamérica. *Bol. Inst. Hist. Argent. Am. Dr. Emilio Ravignani*, nº 24, pp. 105-141.

RATTO, S. (2010) "¿Para qué quieren tener cautivas si no estamos en guerra? Las variadas formas del cautiverio interétnico en la campaña bonaerense (primera mitad del siglo XIX)". *Bol. Inst. Hist. Argent. Am. Dr. Emilio Ravignani* nº 32, Buenos Aires, ene./jun. pp. 41-66.

RAWLS, J. (1995) *Teoría de la justicia*. México: Fondo de Cultura Económica.

RINESI, E. (2019) *Restos y desechos. El estatuto de lo residual en la política*. Buenos Aires: Caterva.

RIVERA CUSICANQUI, S. (2005) "Construcción de imágenes de indios y mujeres en la iconografía post 52: el miserabilismo en el Álbum de la Revolución". *Tinkazos. Revista Boliviana de Ciencias Sociales*, nº 19, noviembre, pp. 133-156.

RIVERA CUSICANQUI, S. (2010) *Ch'ixinakax utxiwa: una reflexión sobre prácticas y discursos descolonizadores*, Buenos Aires, Retazos-Tinta Limón.

RODRÍGUEZ MOLAS, R. (1985). *Los sometidos de la conquista*. Buenos Aires: CEAL.

RODRÍGUEZ RIAL, G. y MORÁN, S. (2022), "La libertad en el ciberespacio: querellas políticas e intelectuales en el contexto del Covid-19". *Cuadernos del Sur – Filosofía*, 51, pp. 13-40.

ROULET, F. (2006) "Fronteras de papel. El periplo semántico de una palabra en la documentación relativa a la frontera sur rioplatense de los siglos XVIII y XIX". *Revista Tefros*, vol 4, nº 2, primavera.

RUBIN, G. (1986) "El tráfico de mujeres: notas sobre la 'economía política' del sexo". *Revista Nueva Antropología*, vol. VIII, nº 30, México, pp. 95-145.

SAFERSTEIN, E. y VICENTE, M. (2020) "De la 'infectadura' a las plazas. Cuando las derechas toman las calles". Revista *Anfibia*. Disponible *online* en: <https://www.revistaanfibia.com/derechas-calles-infectadura/>.

SCHMITT, C. (2011) *Der Nomos der Erde im Völkerrecht des Jus Publicum Europaeum*. Berlin: Duncker & Humblot (hay traducción en español de editorial Struhart).

SCHMUCLER, S. (2018) *La cabeza de Mariano Rosas*. Buenos Aires: Marea.

SCHULMAN, S. (2023) *El conflicto no es abuso. Contra la sobredimensión del daño*. Buenos Aires: Paidós.

SCOTT, J. W. (2001) "Experiencia". *La ventana. Revista de estudios de género*, 13, vol. 2, pp. 42-73.

SIBILIA, G. (2018) "Genealogía y función del tiempo en la Ética de Spinoza". Revista *Anacronismo e irrupción*, vol. 10, nº 18, pp. 205-231.

SKINNER, Q. (2013), *El nacimiento del Estado*. Estudio introductorio de E. Ostrensky. Trad. de Mariana de Gainza. Buenos Aires: Gorla editorial.

SMITH MADAN, A. (2017) *Lines of Geography in Latin American Narrative. National Territory, National Literature*. Palgrave-Macmillan.

SORELL, T. (2008) "Spinoza's Unstable Politics of Freedom", en Huenemann, C. (ed.). *Interpreting Spinoza. Critical Essays*. Reino Unido: Cambridge University Press.

SPINOZA, B. de (1986) *Tratado Político*. Madrid: Alianza editorial.

SPINOZA, B. de (1988) *Correspondencia*. Madrid: Alianza editorial.

SPINOZA, B. de (2008) *Tratado de la reforma del entendimiento y de la vía con la que se dirige del mejor modo al verdadero conocimiento de las cosas*. Boris Eremiev y Luis Placencia (trads.). Buenos Aires: Colihue.

SPINOZA, B. de (2020) *Ética demostrada según el orden geométrico*. Pedro Lomba (ed.). Madrid: Trotta.

STIMILLI, E. (2011) *Il debito del vivente: ascesi e capitalismo*. Macerata: Quodlibet.

STIMILLI, E. (2020) *Deuda y culpa*. Barcelona: Herder.

STIMILLI, E. (2024) "Culpa y sacrificios. Ejercicios para una vida endeudada". *La maleta de Portbou*, Galaxia Gutenburg, enero-febrero. Disponible *online*.

SZTULWARK, D. (2019) *La ofensiva sensible. Neoliberalismo, populismo y el reverso de lo político*. Buenos Aires: Caja Negra.

TAMAGNINI, M. y PÉREZ ZAVALA, G. (2010) *El fondo de la tierra. Destinos errantes en la Frontera Sur*. Córdoba, Universidad Nacional de Río Cuarto.

TATIÁN, D. (2014) "Huella de Mondolfo". *Revista La Biblioteca*, 12, pp. 28-44.

TATIÁN, D. (2015) "Spinozismo como filosofía de la praxis", en Rocha, M. y otrxs. *Spinoza e nós*. Brasil, vol. 1, pp. 21-38. Disponible *online* en: <https://spinoza.jur.puc-rio.br/biblioteca/>.

TAYLOR, C. (1979) "What's Wrong with Negative Liberty?", en Ryan, A. (ed.). *The Idea of Freedom: essays in Honor of Isaiah Berlin*. New York: Oxford University Press.

TONKONOFF, S. (2014) *Violencia y cultura. Reflexiones contemporáneas sobre Argentina*. Buenos Aires: CLACSO, pp. 15-30.

TOSEL, A. (1993) "Des 'usages' marxistes de Spinoza. Leçons de méthode", en Olivier Bloch (ed.). *Spinoza au XX siècle*. París: Presses Universitaires de France.

UHART, H. (2015) "La Patagonia manzanera", en: *Visto y oído*. Buenos Aires, Adriana Hidalgo.

VAYSSE, J.M. (2004) *Totalité et finitude. Spinoza et Heidegger*, Vrin, París.

VINCIGUERRA, L. (2020) *La semiótica de Spinoza*. Buenos Aires: Cactus.

WALTHER, J.C. (1980) *La conquista del desierto: síntesis histórica de los principales sucesos*. Buenos Aires: Eudeba.

WILKIS, A. (2024) *Una historia de cómo nos endeudamos*. Buenos Aires: Siglo XXI.

YULN, M. (2010) "Una historia de fronteras. El territorio y los relatos culturales en la frontera en la construcción nacional de Argentina, Brasil y Estados Unidos". *Pampa*, 6, pp. 231-244.

ZAVALETA MERCADO, R. (2008) *Lo nacional-popular en Bolivia*. La Paz: Plural.

ZIZEK, S. (2009) *Sobre la violencia. Seis reflexiones marginales*. Buenos Aires: Paidós.

ZOURAVICHBILLI, F. (2002) "Qu'est-ce qu'une multitude libre? Guerre et civilisation", en *Le conservatisme paradoxal de Spinoza*. París: PUF, pp. 245-262.